Mein Lesetagebuch

Mit meinen Büchern durchs ganze Jahr!

Herstellung und Verlag:
BoD - Books on Demand, Norderstedt
ISBN 978-3-7431-6415-4

Vorname:

Name:

Geburtsdatum:

Das bin ich:

Diese Genres lese ich am liebsten:

So viele Bücher lese ich im Jahr:

Hier kaufe ich meine Bücher:

Dies ist mein liebster Leseplatz:

Mit diesen Personen tausche ich meine Bücher am liebsten:

Meinen Buchblog findest du unter:

Inhaltsverzeichnis:

Buchtitel: Autor/-in: Seitenzahl:

Inhaltsverzeichnis:

Buchtitel: Autor/-in: Seitenzahl:

Inhaltsverzeichnis:

Buchtitel: **Autor/-in:**   **Seitenzahl:**

Inhaltsverzeichnis:

Buchtitel: **Autor/-in:**   **Seitenzahl:**

Inhaltsverzeichnis:

Buchtitel: **Autor/-in:**   **Seitenzahl:**

Inhaltsverzeichnis:

Buchtitel:　　　　　**Autor/-in:**　　　　　**Seitenzahl:**

„Sind wir nicht alle ein bisschen
verrückt?", ruft mir die
Grinsekatze mit Lady-Gaga-Gedächtnisfrisur
hinterher.
„Jaja", murmele ich. „Aber irgendwer sprengt
immer den
Highscore."

Nina MacKay

Buchtitel: _______________________

Autor/-in: _______________________

Verlag: _______________________

Seitenzahl: _______________________

Begonnen am: _______________________

Beendet am: _______________________

Kurzzusammenfassung:

____

____

____

____

____

Das hat mir am besten gefallen:

____

____

____

Das hat mir am wenigsten gut gefallen:

____

____

____

Mein Lieblingscharakter ist:

____

So hat mir dieses Buch gefallen:

☐ ♥   ☐ ♥ ♥   ☐ ♥ ♥ ♥   ☐ ♥ ♥ ♥ ♥   ☐ ♥ ♥ ♥ ♥ ♥

Rezension: ☐ JA   ☐ NEIN

Dieses Buch bleibt im Regal: ☐ JA   ☐ NEIN

Dieses Buch empfehle ich weiter an:
____

Lieblings-Buchzitate:

„____
____
____
____
____
____
____
____„

Platz für Zeichnungen oder Notizen zum Buch:

Buchtitel: ___________________

Autor/-in: ___________________

Verlag: ___________________

Seitenzahl: ___________________

Begonnen am: ___________________

Beendet am: ___________________

Kurzzusammenfassung:

____

____

____

____

____

Das hat mir am besten gefallen:

____

____

____

Das hat mir am wenigsten gut gefallen:

____

____

____

____

Mein Lieblingscharakter ist:

____

So hat mir dieses Buch gefallen:

☐ ♥   ☐ ♥ ♥   ☐ ♥ ♥ ♥   ☐ ♥ ♥ ♥ ♥   ☐ ♥ ♥ ♥ ♥ ♥

Rezension: ☐ JA   ☐ NEIN

Dieses Buch bleibt im Regal: ☐ JA   ☐ NEIN

Dieses Buch empfehle ich weiter an:
____

Lieblings-Buchzitate:
„____
____
____
____
____
____
____
____„

Platz für Zeichnungen oder Notizen zum Buch:

Buchtitel: _______________________

Autor/-in: _______________________

Verlag: _______________________

Seitenzahl: _______________________

Begonnen am: _______________________

Beendet am: _______________________

Kurzzusammenfassung:

____

____

____

____

____

Das hat mir am besten gefallen:

____

____

____

Das hat mir am wenigsten gut gefallen:

____

____

____

____

Mein Lieblingscharakter ist:

____

So hat mir dieses Buch gefallen:

☐ ♥   ☐ ♥ ♥   ☐ ♥ ♥ ♥   ☐ ♥ ♥ ♥ ♥   ☐ ♥ ♥ ♥ ♥ ♥

Rezension: ☐ JA   ☐ NEIN

Dieses Buch bleibt im Regal: ☐ JA   ☐ NEIN

Dieses Buch empfehle ich weiter an:
____

Lieblings-Buchzitate:

„____
____
____
____
____
____
____
____
____„

Platz für Zeichnungen oder Notizen zum Buch:

Buchtitel:

Autor/-in:

Verlag:

Seitenzahl:

Begonnen am:

Beendet am:

Kurzzusammenfassung:

Das hat mir am besten gefallen:

Das hat mir am wenigsten gut gefallen:

Mein Lieblingscharakter ist:

So hat mir dieses Buch gefallen:

☐ ♥   ☐ ♥ ♥   ☐ ♥ ♥ ♥   ☐ ♥ ♥ ♥ ♥   ☐ ♥ ♥ ♥ ♥ ♥

Rezension: ☐ JA   ☐ NEIN

Dieses Buch bleibt im Regal: ☐ JA   ☐ NEIN

Dieses Buch empfehle ich weiter an:
____

Lieblings-Buchzitate:
„____
____
____
____
____
____
____
____
____„

Platz für Zeichnungen oder Notizen zum Buch:

Buchtitel:	____________________
Autor/-in:	____________________
Verlag:	____________________
Seitenzahl:	____________________
Begonnen am:	____________________
Beendet am:	____________________

Kurzzusammenfassung:

Das hat mir am besten gefallen:

Das hat mir am wenigsten gut gefallen:

Mein Lieblingscharakter ist:

So hat mir dieses Buch gefallen:

☐ ♥   ☐ ♥ ♥   ☐ ♥ ♥ ♥   ☐ ♥ ♥ ♥ ♥   ☐ ♥ ♥ ♥ ♥ ♥

Rezension: ☐ JA   ☐ NEIN

Dieses Buch bleibt im Regal: ☐ JA   ☐ NEIN

Dieses Buch empfehle ich weiter an:
____

Lieblings-Buchzitate:
„____
____
____
____
____
____
____
____
____„

Platz für Zeichnungen oder Notizen zum Buch:

Buchtitel: ___________________

Autor/-in: ___________________

Verlag: ___________________

Seitenzahl: ___________________

Begonnen am: ___________________

Beendet am: ___________________

Kurzzusammenfassung:

____
____
____
____
____

Das hat mir am besten gefallen:

____
____
____

Das hat mir am wenigsten gut gefallen:

____
____
____
____

Mein Lieblingscharakter ist:

____

So hat mir dieses Buch gefallen:

☐ ♥   ☐ ♥ ♥   ☐ ♥ ♥ ♥   ☐ ♥ ♥ ♥ ♥   ☐ ♥ ♥ ♥ ♥ ♥

Rezension: ☐ JA   ☐ NEIN

Dieses Buch bleibt im Regal: ☐ JA   ☐ NEIN

Dieses Buch empfehle ich weiter an:

____

Lieblings-Buchzitate:

„____
____
____
____
____
____
____
____
____"

Platz für Zeichnungen oder Notizen zum Buch:

... nicht im Tode, nicht in G[...]

Ablaßgebet.

Sieh, o gütiger und
Jesu, vor deinem A[...]
werfe ich mich auf die [Knie nie-]
der und bitte und beschwör[e dich]
mit der heißesten Inbrunst [mei-]
ner Seele: präge in mein[e]
die lebhaftesten Gefühle [des]
Glaubens, der Hoffnung und b[...]
Liebe ein und verleihe mir eine[...]

Man kann sich nicht aussuchen, ob man verletzt wird auf dieser Welt, aber man kann mitbestimmen, von wem.
Ich bin glücklich mit meiner Wahl.
Und Ich hoffe, sie auch.

Nicholas Sparks

Buchtitel: _______________

Autor/-in: _______________

Verlag: _______________

Seitenzahl: _______________

Begonnen am: _______________

Beendet am: _______________

Kurzzusammenfassung:

____

____

____

____

____

Das hat mir am besten gefallen:

____

____

____

Das hat mir am wenigsten gut gefallen:

____

____

____

____

Mein Lieblingscharakter ist:

____

So hat mir dieses Buch gefallen:

☐ ♥   ☐ ♥ ♥   ☐ ♥ ♥ ♥   ☐ ♥ ♥ ♥ ♥   ☐ ♥ ♥ ♥ ♥ ♥

Rezension: ☐ JA   ☐ NEIN

Dieses Buch bleibt im Regal: ☐ JA   ☐ NEIN

Dieses Buch empfehle ich weiter an:
____

Lieblings-Buchzitate:
„____
____
____
____
____
____
____
____„

Platz für Zeichnungen oder Notizen zum Buch:

Buchtitel: _______________________________

Autor/-in: _______________________________

Verlag: _______________________________

Seitenzahl: _______________________________

Begonnen am: _______________________________

Beendet am: _______________________________

Kurzzusammenfassung:

____

____

____

____

____

Das hat mir am besten gefallen:

____

____

____

Das hat mir am wenigsten gut gefallen:

____

____

____

____

Mein Lieblingscharakter ist:

____

So hat mir dieses Buch gefallen:

☐ ♥   ☐ ♥ ♥   ☐ ♥ ♥ ♥   ☐ ♥ ♥ ♥ ♥   ☐ ♥ ♥ ♥ ♥ ♥

Rezension: ☐ JA   ☐ NEIN

Dieses Buch bleibt im Regal: ☐ JA   ☐ NEIN

Dieses Buch empfehle ich weiter an:
____

Lieblings-Buchzitate:
„____
____
____
____
____
____
____
____„

Platz für Zeichnungen oder Notizen zum Buch:

Buchtitel: _______________________

Autor/-in: _______________________

Verlag: _______________________

Seitenzahl: _______________________

Begonnen am: _______________________

Beendet am: _______________________

Kurzzusammenfassung:

____

____

____

____

____

Das hat mir am besten gefallen:

____

____

____

Das hat mir am wenigsten gut gefallen:

____

____

____

____

Mein Lieblingscharakter ist:

____

So hat mir dieses Buch gefallen:

☐ ♥   ☐ ♥ ♥   ☐ ♥ ♥ ♥   ☐ ♥ ♥ ♥ ♥   ☐ ♥ ♥ ♥ ♥ ♥

Rezension: ☐ JA   ☐ NEIN

Dieses Buch bleibt im Regal: ☐ JA   ☐ NEIN

Dieses Buch empfehle ich weiter an:
____

Lieblings-Buchzitate:
„____
____
____
____
____
____
____
____„

Platz für Zeichnungen oder Notizen zum Buch:

Buchtitel:

Autor/-in:

Verlag:

Seitenzahl:

Begonnen am:

Beendet am:

Kurzzusammenfassung:

Das hat mir am besten gefallen:

Das hat mir am wenigsten gut gefallen:

Mein Lieblingscharakter ist:

So hat mir dieses Buch gefallen:

☐ ♥   ☐ ♥ ♥   ☐ ♥ ♥ ♥   ☐ ♥ ♥ ♥ ♥   ☐ ♥ ♥ ♥ ♥ ♥

Rezension: ☐ JA   ☐ NEIN

Dieses Buch bleibt im Regal: ☐ JA   ☐ NEIN

Dieses Buch empfehle ich weiter an:
____

Lieblings-Buchzitate:

„____
____
____
____
____
____
____
____
____„

Platz für Zeichnungen oder Notizen zum Buch:

Buchtitel: _______________________

Autor/-in: _______________________

Verlag: _______________________

Seitenzahl: _______________________

Begonnen am: _______________________

Beendet am: _______________________

Kurzzusammenfassung:

____

____

____

____

____

Das hat mir am besten gefallen:

____

____

____

Das hat mir am wenigsten gut gefallen:

____

____

____

Mein Lieblingscharakter ist:

____

So hat mir dieses Buch gefallen:

☐ ♥   ☐ ♥ ♥   ☐ ♥ ♥ ♥   ☐ ♥ ♥ ♥ ♥   ☐ ♥ ♥ ♥ ♥ ♥

Rezension: ☐ JA   ☐ NEIN

Dieses Buch bleibt im Regal: ☐ JA   ☐ NEIN

Dieses Buch empfehle ich weiter an:
____

Lieblings-Buchzitate:
„____
____
____
____
____
____
____
____„

Platz für Zeichnungen oder Notizen zum Buch:

Buchtitel: ___________________

Autor/-in: ___________________

Verlag: ___________________

Seitenzahl: ___________________

Begonnen am: ___________________

Beendet am: ___________________

Kurzzusammenfassung:

____

____

____

____

____

Das hat mir am besten gefallen:

____

____

____

Das hat mir am wenigsten gut gefallen:

____

____

____

____

Mein Lieblingscharakter ist:

____

So hat mir dieses Buch gefallen:

☐ ♥   ☐ ♥ ♥   ☐ ♥ ♥ ♥   ☐ ♥ ♥ ♥ ♥   ☐ ♥ ♥ ♥ ♥ ♥

Rezension: ☐ JA   ☐ NEIN

Dieses Buch bleibt im Regal: ☐ JA   ☐ NEIN

Dieses Buch empfehle ich weiter an:
____

Lieblings-Buchzitate:
„____
____
____
____
____
____
____
____„

Platz für Zeichnungen oder Notizen zum Buch:

dessen, was ich sagen
Diese These lautet so: ,Das,
Zeiten ernst; das, was ein-
äußersten Grenzsituatio-
weiterhin, von uns aufs
umkreist zu werden.
Gedanken um irgendwelche Ideen,

Merk dir eins: Ich bin überall da, wo du mich nicht erwartest, aber niemals da, wo du mich suchst.

Walter Moers

Buchtitel: _____________________________

Autor/-in: _____________________________

Verlag: _____________________________

Seitenzahl: _____________________________

Begonnen am: _____________________________

Beendet am: _____________________________

Kurzzusammenfassung:

____

____

____

____

____

Das hat mir am besten gefallen:

____

____

____

Das hat mir am wenigsten gut gefallen:

____

____

____

____

Mein Lieblingscharakter ist:

____

So hat mir dieses Buch gefallen:

☐ ♥   ☐ ♥ ♥   ☐ ♥ ♥ ♥   ☐ ♥ ♥ ♥ ♥   ☐ ♥ ♥ ♥ ♥ ♥

Rezension: ☐ JA   ☐ NEIN

Dieses Buch bleibt im Regal: ☐ JA   ☐ NEIN

Dieses Buch empfehle ich weiter an:
____

Lieblings-Buchzitate:
„____
____
____
____
____
____
____
____„

Platz für Zeichnungen oder Notizen zum Buch:

Buchtitel: _______________________

Autor/-in: _______________________

Verlag: _______________________

Seitenzahl: _______________________

Begonnen am: _______________________

Beendet am: _______________________

Kurzzusammenfassung:

____

____

____

____

____

Das hat mir am besten gefallen:

____

____

____

Das hat mir am wenigsten gut gefallen:

____

____

____

Mein Lieblingscharakter ist:

____

So hat mir dieses Buch gefallen:

☐ ♥   ☐ ♥ ♥   ☐ ♥ ♥ ♥   ☐ ♥ ♥ ♥ ♥   ☐ ♥ ♥ ♥ ♥ ♥

Rezension: ❑ JA   ❑ NEIN

Dieses Buch bleibt im Regal: ❑ JA   ❑ NEIN

Dieses Buch empfehle ich weiter an:
____

Lieblings-Buchzitate:

„____
____
____
____
____
____
____
____
____„

Platz für Zeichnungen oder Notizen zum Buch:

Buchtitel: __________________________

Autor/-in: __________________________

Verlag: __________________________

Seitenzahl: __________________________

Begonnen am: __________________________

Beendet am: __________________________

Kurzzusammenfassung:

____

____

____

____

____

Das hat mir am besten gefallen:

____

____

____

Das hat mir am wenigsten gut gefallen:

____

____

____

____

Mein Lieblingscharakter ist:

____

So hat mir dieses Buch gefallen:

☐ ♥   ☐ ♥ ♥   ☐ ♥ ♥ ♥   ☐ ♥ ♥ ♥ ♥   ☐ ♥ ♥ ♥ ♥ ♥

Rezension: ❏ JA   ❏ NEIN

Dieses Buch bleibt im Regal: ❏ JA   ❏ NEIN

Dieses Buch empfehle ich weiter an:
____

Lieblings-Buchzitate:

„____
____
____
____
____
____
____
____
____„

Platz für Zeichnungen oder Notizen zum Buch:

Buchtitel: ____________________

Autor/-in: ____________________

Verlag: ____________________

Seitenzahl: ____________________

Begonnen am: ____________________

Beendet am: ____________________

Kurzzusammenfassung:

____
____
____
____
____

Das hat mir am besten gefallen:

____
____
____

Das hat mir am wenigsten gut gefallen:

____
____
____

Mein Lieblingscharakter ist:

____

So hat mir dieses Buch gefallen:

☐ ♥   ☐ ♥ ♥   ☐ ♥ ♥ ♥   ☐ ♥ ♥ ♥ ♥   ☐ ♥ ♥ ♥ ♥ ♥

Rezension: ☐ JA   ☐ NEIN

Dieses Buch bleibt im Regal: ☐ JA   ☐ NEIN

Dieses Buch empfehle ich weiter an:
____

Lieblings-Buchzitate:
„____
____
____
____
____
____
____
____"

Platz für Zeichnungen oder Notizen zum Buch:

Buchtitel: _______________

Autor/-in: _______________

Verlag: _______________

Seitenzahl: _______________

Begonnen am: _______________

Beendet am: _______________

Kurzzusammenfassung:

____

____

____

____

Das hat mir am besten gefallen:

____

____

____

Das hat mir am wenigsten gut gefallen:

____

____

____

____

Mein Lieblingscharakter ist:

____

So hat mir dieses Buch gefallen:

☐ ♥   ☐ ♥ ♥   ☐ ♥ ♥ ♥   ☐ ♥ ♥ ♥ ♥   ☐ ♥ ♥ ♥ ♥ ♥

Rezension: ❏ JA   ❏ NEIN

Dieses Buch bleibt im Regal: ❏ JA   ❏ NEIN

Dieses Buch empfehle ich weiter an:

____

Lieblings-Buchzitate:

„____

____

____

____

____

____

____

____"

Platz für Zeichnungen oder Notizen zum Buch:

Buchtitel: ___________________

Autor/-in: ___________________

Verlag: ___________________

Seitenzahl: ___________________

Begonnen am: ___________________

Beendet am: ___________________

Kurzzusammenfassung:

____
____
____
____
____

Das hat mir am besten gefallen:

____
____
____

Das hat mir am wenigsten gut gefallen:

____
____
____
____

Mein Lieblingscharakter ist:

____

So hat mir dieses Buch gefallen:

☐ ♥   ☐ ♥ ♥   ☐ ♥ ♥ ♥   ☐ ♥ ♥ ♥ ♥   ☐ ♥ ♥ ♥ ♥ ♥

Rezension: ❑ JA   ❑ NEIN

Dieses Buch bleibt im Regal: ❑ JA   ❑ NEIN

Dieses Buch empfehle ich weiter an:
____

Lieblings-Buchzitate:

„____
____
____
____
____
____
____
____„

Platz für Zeichnungen oder Notizen zum Buch:

Rossella i Albert Caller zaprowadzili Julię i Ricka pr[zed] bogato intarsjowaną komodę, na której ustawi[ono] rozmaite cenne przedmioty: dwie statuetki z Chin, z e[poki] Minga, sztylet toledański i szkatułkę na biżuterię ze Smyr[ny]

– Nie widzę żadnej pozytywki – odezwała się Julia, ro[z]dając się wokół z zaciekawieniem.

– Oczywiście, bo jest odrobinę... oryginalna – m[?] Albert, sięgając po krzesło.

Zsunął z nóg mokasyny i wszedł na krzesło. Zdjął ze [ściany] ny mały obrazek wiszący nad komodą.

– Rick! – wykrzyknęła Julia, rozpoznając namalowa[ny] dom i ogród. – Czy to nie jest Willa Argo?

– Co mówisz?

– To jest dom, w którym mieszkamy! – wyjaśniła dzie[w]czynka. – To jest park, urwisko... a tu jest furtka.

– Doprawdy? – spytała Rossella. – Pokaż im ramę, Alberci[e]

Mężczyzna odwrócił obraz, pokazując dzieciom korb[kę] wmontowaną w złote ramy. Na metalowym cylinderku by[ła] wyryta sowa, znak Petera. Za pomocą koła zębatego korb[ka] łączyła się z metalowym cylinderkiem, najeżonym maleńk[imi] na. metalowymi kołeczkami.

– Zaraz wam puszczę... – szepnął Albert i pokręcił korbka[.] Kołeczki zaczęły trącać lekko w maleńkie, metalowe pręc[iki] wydające dźwięki, które układały się w uroczą melodyjk[ę.] [Słu]chając tych dźwięków, Rick poczuł się nagle tak, jakb[y] [prze]niosło go w czasy dzieciństwa. To była ta sama melodi[a]

Du machst dir also keine Sorgen, weil du
einem Haus voller Vampire einen Besuch ab-
stattest, sondern du hast Angst, dass sie dich nicht
mögen könnten?

Stephenie Meyer

Buchtitel: ____________________

Autor/-in: ____________________

Verlag: ____________________

Seitenzahl: ____________________

Begonnen am: ____________________

Beendet am: ____________________

Kurzzusammenfassung:

____

____

____

____

____

Das hat mir am besten gefallen:

____

____

____

Das hat mir am wenigsten gut gefallen:

____

____

____

____

Mein Lieblingscharakter ist:

____

So hat mir dieses Buch gefallen:

☐ ♥   ☐ ♥ ♥   ☐ ♥ ♥ ♥   ☐ ♥ ♥ ♥ ♥   ☐ ♥ ♥ ♥ ♥ ♥

Rezension: ❐ JA   ❐ NEIN

Dieses Buch bleibt im Regal: ❐ JA   ❐ NEIN

Dieses Buch empfehle ich weiter an:
____

Lieblings-Buchzitate:
„____
____
____
____
____
____
____
____
____"

Platz für Zeichnungen oder Notizen zum Buch:

Buchtitel: __________

Autor/-in: __________

Verlag: __________

Seitenzahl: __________

Begonnen am: __________

Beendet am: __________

Kurzzusammenfassung:

Das hat mir am besten gefallen:

Das hat mir am wenigsten gut gefallen:

Mein Lieblingscharakter ist:

So hat mir dieses Buch gefallen:

☐ ♥   ☐ ♥ ♥   ☐ ♥ ♥ ♥   ☐ ♥ ♥ ♥ ♥   ☐ ♥ ♥ ♥ ♥ ♥

Rezension: ☐ JA   ☐ NEIN

Dieses Buch bleibt im Regal: ☐ JA   ☐ NEIN

Dieses Buch empfehle ich weiter an:
____

Lieblings-Buchzitate:
„____
____
____
____
____
____
____
____„

Platz für Zeichnungen oder Notizen zum Buch:

Buchtitel: _______________________________

Autor/-in: _______________________________

Verlag: _______________________________

Seitenzahl: _______________________________

Begonnen am: _______________________________

Beendet am: _______________________________

Kurzzusammenfassung:

____

____

____

____

____

Das hat mir am besten gefallen:

____

____

____

Das hat mir am wenigsten gut gefallen:

____

____

____

____

Mein Lieblingscharakter ist:

____

So hat mir dieses Buch gefallen:

☐ ♥　　　☐ ♥ ♥　　　☐ ♥ ♥ ♥　　　☐ ♥ ♥ ♥ ♥　　　☐ ♥ ♥ ♥ ♥ ♥

Rezension: ☐ JA   ☐ NEIN

Dieses Buch bleibt im Regal: ☐ JA   ☐ NEIN

Dieses Buch empfehle ich weiter an:
____

Lieblings-Buchzitate:

„____
____
____
____
____
____
____
____„

Platz für Zeichnungen oder Notizen zum Buch:

Buchtitel: _______________

Autor/-in: _______________

Verlag: _______________

Seitenzahl: _______________

Begonnen am: _______________

Beendet am: _______________

Kurzzusammenfassung:

____
____
____
____
____

Das hat mir am besten gefallen:

____
____
____

Das hat mir am wenigsten gut gefallen:

____
____
____

Mein Lieblingscharakter ist:

____

So hat mir dieses Buch gefallen:

☐ ♥   ☐ ♥ ♥   ☐ ♥ ♥ ♥   ☐ ♥ ♥ ♥ ♥   ☐ ♥ ♥ ♥ ♥ ♥

Rezension: ☐ JA   ☐ NEIN

Dieses Buch bleibt im Regal: ☐ JA   ☐ NEIN

Dieses Buch empfehle ich weiter an:
____

Lieblings-Buchzitate:
„____
____
____
____
____
____
____
____„

Platz für Zeichnungen oder Notizen zum Buch:

Buchtitel: _______________________

Autor/-in: _______________________

Verlag: _______________________

Seitenzahl: _______________________

Begonnen am: _______________________

Beendet am: _______________________

Kurzzusammenfassung:

____

____

____

____

____

Das hat mir am besten gefallen:

____

____

____

Das hat mir am wenigsten gut gefallen:

____

____

____

Mein Lieblingscharakter ist:

____

So hat mir dieses Buch gefallen:

☐ ♥   ☐ ♥ ♥   ☐ ♥ ♥ ♥   ☐ ♥ ♥ ♥ ♥   ☐ ♥ ♥ ♥ ♥ ♥

Rezension: ☐ JA   ☐ NEIN

Dieses Buch bleibt im Regal: ☐ JA   ☐ NEIN

Dieses Buch empfehle ich weiter an:
____

Lieblings-Buchzitate:
„____
____
____
____
____
____
____
____
____„

Platz für Zeichnungen oder Notizen zum Buch:

Buchtitel: _______________________

Autor/-in: _______________________

Verlag: _______________________

Seitenzahl: _______________________

Begonnen am: _______________________

Beendet am: _______________________

Kurzzusammenfassung:

____
____
____
____
____

Das hat mir am besten gefallen:

____
____
____

Das hat mir am wenigsten gut gefallen:

____
____
____
____

Mein Lieblingscharakter ist:

____

So hat mir dieses Buch gefallen:

☐ ♥   ☐ ♥ ♥   ☐ ♥ ♥ ♥   ☐ ♥ ♥ ♥ ♥   ☐ ♥ ♥ ♥ ♥ ♥

Rezension: ❐ JA   ❐ NEIN

Dieses Buch bleibt im Regal: ❐ JA   ❐ NEIN

Dieses Buch empfehle ich weiter an:
____

Lieblings-Buchzitate:

„____
____
____
____
____
____
____
____
____„

Platz für Zeichnungen oder Notizen zum Buch:

Früher oder später hört man von jedem, der den Buchstaben das Atmen beibringen kann.

Cornelia Funke

Buchtitel: _______________________

Autor/-in: _______________________

Verlag: _______________________

Seitenzahl: _______________________

Begonnen am: _______________________

Beendet am: _______________________

Kurzzusammenfassung:

____

____

____

____

____

Das hat mir am besten gefallen:

____

____

____

Das hat mir am wenigsten gut gefallen:

____

____

____

____

Mein Lieblingscharakter ist:

____

So hat mir dieses Buch gefallen:

☐ ♥   ☐ ♥ ♥   ☐ ♥ ♥ ♥   ☐ ♥ ♥ ♥ ♥   ☐ ♥ ♥ ♥ ♥ ♥

Rezension: ☐ JA   ☐ NEIN

Dieses Buch bleibt im Regal: ☐ JA   ☐ NEIN

Dieses Buch empfehle ich weiter an:
____

Lieblings-Buchzitate:

„____
____
____
____
____
____
____
____
____„

Platz für Zeichnungen oder Notizen zum Buch:

Buchtitel:

Autor/-in:

Verlag:

Seitenzahl:

Begonnen am:

Beendet am:

Kurzzusammenfassung:

Das hat mir am besten gefallen:

Das hat mir am wenigsten gut gefallen:

Mein Lieblingscharakter ist:

So hat mir dieses Buch gefallen:

☐ ♥   ☐ ♥ ♥   ☐ ♥ ♥ ♥   ☐ ♥ ♥ ♥ ♥   ☐ ♥ ♥ ♥ ♥ ♥

Rezension: ☐ JA   ☐ NEIN

Dieses Buch bleibt im Regal: ☐ JA   ☐ NEIN

Dieses Buch empfehle ich weiter an:
____

Lieblings-Buchzitate:

„____
____
____
____
____
____
____
____“

Platz für Zeichnungen oder Notizen zum Buch:

Buchtitel:

Autor/-in:

Verlag:

Seitenzahl:

Begonnen am:

Beendet am:

Kurzzusammenfassung:

Das hat mir am besten gefallen:

Das hat mir am wenigsten gut gefallen:

Mein Lieblingscharakter ist:

So hat mir dieses Buch gefallen:

☐ ♥   ☐ ♥ ♥   ☐ ♥ ♥ ♥   ☐ ♥ ♥ ♥ ♥   ☐ ♥ ♥ ♥ ♥ ♥

Rezension: ☐ JA   ☐ NEIN

Dieses Buch bleibt im Regal: ☐ JA   ☐ NEIN

Dieses Buch empfehle ich weiter an:
____

Lieblings-Buchzitate:
„____
____
____
____
____
____
____
____
____„

Platz für Zeichnungen oder Notizen zum Buch:

Buchtitel:

Autor/-in:

Verlag:

Seitenzahl:

Begonnen am:

Beendet am:

Kurzzusammenfassung:

Das hat mir am besten gefallen:

Das hat mir am wenigsten gut gefallen:

Mein Lieblingscharakter ist:

So hat mir dieses Buch gefallen:

☐ ♥   ☐ ♥ ♥   ☐ ♥ ♥ ♥   ☐ ♥ ♥ ♥ ♥   ☐ ♥ ♥ ♥ ♥ ♥

Rezension: ☐ JA　　　☐ NEIN

Dieses Buch bleibt im Regal: ☐ JA　　☐ NEIN

Dieses Buch empfehle ich weiter an:

____

Lieblings-Buchzitate:

„____
____
____
____
____
____
____
____"

Platz für Zeichnungen oder Notizen zum Buch:

Buchtitel: ______________________

Autor/-in: ______________________

Verlag: ______________________

Seitenzahl: ______________________

Begonnen am: ______________________

Beendet am: ______________________

Kurzzusammenfassung:

____

____

____

____

____

Das hat mir am besten gefallen:

____

____

____

Das hat mir am wenigsten gut gefallen:

____

____

____

____

Mein Lieblingscharakter ist:

____

So hat mir dieses Buch gefallen:

☐ ♥   ☐ ♥ ♥   ☐ ♥ ♥ ♥   ☐ ♥ ♥ ♥ ♥   ☐ ♥ ♥ ♥ ♥ ♥

Rezension: ❏ JA   ❏ NEIN

Dieses Buch bleibt im Regal: ❏ JA   ❏ NEIN

Dieses Buch empfehle ich weiter an:
____

Lieblings-Buchzitate:

„____
____
____
____
____
____
____
____"

Platz für Zeichnungen oder Notizen zum Buch:

Buchtitel: _______________

Autor/-in: _______________

Verlag: _______________

Seitenzahl: _______________

Begonnen am: _______________

Beendet am: _______________

Kurzzusammenfassung:

____
____
____
____
____

Das hat mir am besten gefallen:

____
____
____

Das hat mir am wenigsten gut gefallen:

____
____
____
____

Mein Lieblingscharakter ist:

____

So hat mir dieses Buch gefallen:

☐ ♥   ☐ ♥ ♥   ☐ ♥ ♥ ♥   ☐ ♥ ♥ ♥ ♥   ☐ ♥ ♥ ♥ ♥ ♥

Rezension: ❏ JA　　　❏ NEIN

Dieses Buch bleibt im Regal: ❏ JA　　❏ NEIN

Dieses Buch empfehle ich weiter an:

____

Lieblings-Buchzitate:

„____
____
____
____
____
____
____
____„

Platz für Zeichnungen oder Notizen zum Buch:

Kein Mensch hat ein Leben, das nur aus perfekten kleinen Augenblicken besteht. Und wenn es so wäre, wären die Augenblicke nicht mehr perfekt, sondern normal. Wie soll man wissen, was Freude ist, wenn man nie Kummer hat?

Cecelia Ahern

	Buchtitel: _____________________

Buchtitel: ______________________________

Autor/-in: ______________________________

Verlag: ______________________________

Seitenzahl: ______________________________

Begonnen am: ______________________________

Beendet am: ______________________________

Kurzzusammenfassung:

____

____

____

____

____

Das hat mir am besten gefallen:

____

____

____

Das hat mir am wenigsten gut gefallen:

____

____

____

____

Mein Lieblingscharakter ist:

____

So hat mir dieses Buch gefallen:

☐ ♥   ☐ ♥ ♥   ☐ ♥ ♥ ♥   ☐ ♥ ♥ ♥ ♥   ☐ ♥ ♥ ♥ ♥ ♥

Rezension: ☐ JA ☐ NEIN

Dieses Buch bleibt im Regal: ☐ JA ☐ NEIN

Dieses Buch empfehle ich weiter an:
____

Lieblings-Buchzitate:

„____
____
____
____
____
____
____
____"

Platz für Zeichnungen oder Notizen zum Buch:

Buchtitel: _______________________

Autor/-in: _______________________

Verlag: _______________________

Seitenzahl: _______________________

Begonnen am: _______________________

Beendet am: _______________________

Kurzzusammenfassung:

____

____

____

____

____

Das hat mir am besten gefallen:

____

____

____

Das hat mir am wenigsten gut gefallen:

____

____

____

____

Mein Lieblingscharakter ist:

____

So hat mir dieses Buch gefallen:

☐ ♥   ☐ ♥ ♥   ☐ ♥ ♥ ♥   ☐ ♥ ♥ ♥ ♥   ☐ ♥ ♥ ♥ ♥ ♥

Rezension: ☐ JA   ☐ NEIN

Dieses Buch bleibt im Regal: ☐ JA   ☐ NEIN

Dieses Buch empfehle ich weiter an:
____

Lieblings-Buchzitate:
„____
____
____
____
____
____
____
____"

Platz für Zeichnungen oder Notizen zum Buch:

Buchtitel: _______________

Autor/-in: _______________

Verlag: _______________

Seitenzahl: _______________

Begonnen am: _______________

Beendet am: _______________

Kurzzusammenfassung:

____

____

____

____

____

Das hat mir am besten gefallen:

____

____

____

Das hat mir am wenigsten gut gefallen:

____

____

____

Mein Lieblingscharakter ist:

____

So hat mir dieses Buch gefallen:

☐ ♥   ☐ ♥ ♥   ☐ ♥ ♥ ♥   ☐ ♥ ♥ ♥ ♥   ☐ ♥ ♥ ♥ ♥ ♥

Rezension: ☐ JA   ☐ NEIN

Dieses Buch bleibt im Regal: ☐ JA   ☐ NEIN

Dieses Buch empfehle ich weiter an:
____

Lieblings-Buchzitate:

„____
____
____
____
____
____
____
____„

Platz für Zeichnungen oder Notizen zum Buch:

Buchtitel: _______________________

Autor/-in: _______________________

Verlag: _______________________

Seitenzahl: _______________________

Begonnen am: _______________________

Beendet am: _______________________

Kurzzusammenfassung:

____

____

____

____

____

Das hat mir am besten gefallen:

____

____

____

Das hat mir am wenigsten gut gefallen:

____

____

____

____

Mein Lieblingscharakter ist:

____

So hat mir dieses Buch gefallen:

☐ ♥   ☐ ♥ ♥   ☐ ♥ ♥ ♥   ☐ ♥ ♥ ♥ ♥   ☐ ♥ ♥ ♥ ♥ ♥

Rezension: ☐ JA   ☐ NEIN

Dieses Buch bleibt im Regal: ☐ JA   ☐ NEIN

Dieses Buch empfehle ich weiter an:
____

Lieblings-Buchzitate:

„____
____
____
____
____
____
____
____
____„

Platz für Zeichnungen oder Notizen zum Buch:

Buchtitel:

Autor/-in:

Verlag:

Seitenzahl:

Begonnen am:

Beendet am:

Kurzzusammenfassung:

Das hat mir am besten gefallen:

Das hat mir am wenigsten gut gefallen:

Mein Lieblingscharakter ist:

So hat mir dieses Buch gefallen:

☐ ♥   ☐ ♥ ♥   ☐ ♥ ♥ ♥   ☐ ♥ ♥ ♥ ♥   ☐ ♥ ♥ ♥ ♥ ♥

Rezension: ☐ JA   ☐ NEIN

Dieses Buch bleibt im Regal: ☐ JA   ☐ NEIN

Dieses Buch empfehle ich weiter an:
____

Lieblings-Buchzitate:
„____
____
____
____
____
____
____
____"

Platz für Zeichnungen oder Notizen zum Buch:

Buchtitel: ________________________

Autor/-in: ________________________

Verlag: ________________________

Seitenzahl: ________________________

Begonnen am: ________________________

Beendet am: ________________________

Kurzzusammenfassung:

____

____

____

____

____

Das hat mir am besten gefallen:

____

____

____

Das hat mir am wenigsten gut gefallen:

____

____

____

____

Mein Lieblingscharakter ist:

____

So hat mir dieses Buch gefallen:

☐ ♥   ☐ ♥ ♥   ☐ ♥ ♥ ♥   ☐ ♥ ♥ ♥ ♥   ☐ ♥ ♥ ♥ ♥ ♥

Rezension: ☐ JA   ☐ NEIN

Dieses Buch bleibt im Regal: ☐ JA   ☐ NEIN

Dieses Buch empfehle ich weiter an:
____

Lieblings-Buchzitate:

„____
____
____
____
____
____
____
____
____„

Platz für Zeichnungen oder Notizen zum Buch:

Beurteile die Größe eines
Traums nicht danach, wie groß
die Sache ist, die du erringen willst.
Träume messen sich nicht in Ellen
oder Unzen.

Luca di Fulvio

Buchtitel: _______________

Autor/-in: _______________

Verlag: _______________

Seitenzahl: _______________

Begonnen am: _______________

Beendet am: _______________

Kurzzusammenfassung:

____

____

____

____

____

Das hat mir am besten gefallen:

____

____

____

Das hat mir am wenigsten gut gefallen:

____

____

____

____

Mein Lieblingscharakter ist:

____

So hat mir dieses Buch gefallen:

☐ ♥   ☐ ♥ ♥   ☐ ♥ ♥ ♥   ☐ ♥ ♥ ♥ ♥   ☐ ♥ ♥ ♥ ♥ ♥

Rezension: ☐ JA   ☐ NEIN

Dieses Buch bleibt im Regal: ☐ JA   ☐ NEIN

Dieses Buch empfehle ich weiter an:
____

Lieblings-Buchzitate:
„____
____
____
____
____
____
____
____
____"

Platz für Zeichnungen oder Notizen zum Buch:

Buchtitel:

Autor/-in:

Verlag:

Seitenzahl:

Begonnen am:

Beendet am:

Kurzzusammenfassung:

Das hat mir am besten gefallen:

Das hat mir am wenigsten gut gefallen:

Mein Lieblingscharakter ist:

So hat mir dieses Buch gefallen:

□ ♥   □ ♥ ♥   □ ♥ ♥ ♥   □ ♥ ♥ ♥ ♥   □ ♥ ♥ ♥ ♥ ♥

Rezension: ☐ JA   ☐ NEIN

Dieses Buch bleibt im Regal: ☐ JA   ☐ NEIN

Dieses Buch empfehle ich weiter an:

____

Lieblings-Buchzitate:

„____
____
____
____
____
____
____
____
____„

Platz für Zeichnungen oder Notizen zum Buch:

Buchtitel: ___________________________

Autor/-in: ___________________________

Verlag: ___________________________

Seitenzahl: ___________________________

Begonnen am: ___________________________

Beendet am: ___________________________

Kurzzusammenfassung:

____

____

____

____

____

Das hat mir am besten gefallen:

____

____

____

Das hat mir am wenigsten gut gefallen:

____

____

____

____

Mein Lieblingscharakter ist:

____

So hat mir dieses Buch gefallen:

☐ ♥   ☐ ♥ ♥   ☐ ♥ ♥ ♥   ☐ ♥ ♥ ♥ ♥   ☐ ♥ ♥ ♥ ♥ ♥

Rezension: ☐ JA   ☐ NEIN

Dieses Buch bleibt im Regal: ☐ JA   ☐ NEIN

Dieses Buch empfehle ich weiter an:

____

Lieblings-Buchzitate:

„____
____
____
____
____
____
____
____
____„

Platz für Zeichnungen oder Notizen zum Buch:

Buchtitel: ______________________

Autor/-in: ______________________

Verlag: ______________________

Seitenzahl: ______________________

Begonnen am: ______________________

Beendet am: ______________________

Kurzzusammenfassung:

____
____
____
____

Das hat mir am besten gefallen:

____
____
____

Das hat mir am wenigsten gut gefallen:

____
____
____

Mein Lieblingscharakter ist:

____

So hat mir dieses Buch gefallen:

☐ ♥   ☐ ♥ ♥   ☐ ♥ ♥ ♥   ☐ ♥ ♥ ♥ ♥   ☐ ♥ ♥ ♥ ♥ ♥

Rezension: ☐ JA   ☐ NEIN

Dieses Buch bleibt im Regal: ☐ JA   ☐ NEIN

Dieses Buch empfehle ich weiter an:
____

Lieblings-Buchzitate:

„____
____
____
____
____
____
____
____
____„

Platz für Zeichnungen oder Notizen zum Buch:

Buchtitel:

Autor/-in:

Verlag:

Seitenzahl:

Begonnen am:

Beendet am:

Kurzzusammenfassung:

Das hat mir am besten gefallen:

Das hat mir am wenigsten gut gefallen:

Mein Lieblingscharakter ist:

So hat mir dieses Buch gefallen:

☐ ♥   ☐ ♥ ♥   ☐ ♥ ♥ ♥   ☐ ♥ ♥ ♥ ♥   ☐ ♥ ♥ ♥ ♥ ♥

Rezension: ☐ JA ☐ NEIN

Dieses Buch bleibt im Regal: ☐ JA ☐ NEIN

Dieses Buch empfehle ich weiter an:
____

Lieblings-Buchzitate:

„____
____
____
____
____
____
____
____„

Platz für Zeichnungen oder Notizen zum Buch:

Buchtitel: _________________________________

Autor/-in: _________________________________

Verlag: _________________________________

Seitenzahl: _________________________________

Begonnen am: _________________________________

Beendet am: _________________________________

Kurzzusammenfassung:

____

____

____

____

____

Das hat mir am besten gefallen:

____

____

____

Das hat mir am wenigsten gut gefallen:

____

____

____

____

Mein Lieblingscharakter ist:

____

So hat mir dieses Buch gefallen:

☐ ♥   ☐ ♥ ♥   ☐ ♥ ♥ ♥   ☐ ♥ ♥ ♥ ♥   ☐ ♥ ♥ ♥ ♥ ♥

Rezension: ☐ JA   ☐ NEIN

Dieses Buch bleibt im Regal: ☐ JA   ☐ NEIN

Dieses Buch empfehle ich weiter an:
____

Lieblings-Buchzitate:
„____
____
____
____
____
____
____
____"

Platz für Zeichnungen oder Notizen zum Buch:

Übrigens mag ich
die Vorstellung, die sich
die Menschen vom Tod
als Sensemann machen. Mir
gefällt die Sense. Ich finde
sie amüsant.

Markus Zusak

Buchtitel: ______________________

Autor/-in: ______________________

Verlag: ______________________

Seitenzahl: ______________________

Begonnen am: ______________________

Beendet am: ______________________

Kurzzusammenfassung:

____

____

____

____

____

Das hat mir am besten gefallen:

____

____

____

Das hat mir am wenigsten gut gefallen:

____

____

____

____

Mein Lieblingscharakter ist:

____

So hat mir dieses Buch gefallen:

☐ ♥   ☐ ♥ ♥   ☐ ♥ ♥ ♥   ☐ ♥ ♥ ♥ ♥   ☐ ♥ ♥ ♥ ♥ ♥

Rezension: ☐ JA   ☐ NEIN

Dieses Buch bleibt im Regal: ☐ JA   ☐ NEIN

Dieses Buch empfehle ich weiter an:
____

Lieblings-Buchzitate:
„____
____
____
____
____
____
____
____
____„

Platz für Zeichnungen oder Notizen zum Buch:

Buchtitel:
Autor/-in:
Verlag:
Seitenzahl:
Begonnen am:
Beendet am:

Kurzzusammenfassung:

Das hat mir am besten gefallen:

Das hat mir am wenigsten gut gefallen:

Mein Lieblingscharakter ist:

So hat mir dieses Buch gefallen:

☐ ♥   ☐ ♥ ♥   ☐ ♥ ♥ ♥   ☐ ♥ ♥ ♥ ♥   ☐ ♥ ♥ ♥ ♥ ♥

Rezension: ☐ JA   ☐ NEIN

Dieses Buch bleibt im Regal: ☐ JA   ☐ NEIN

Dieses Buch empfehle ich weiter an:

____

Lieblings-Buchzitate:

„____
____
____
____
____
____
____
____„

Platz für Zeichnungen oder Notizen zum Buch:

Buchtitel: _______________________

Autor/-in: _______________________

Verlag: _______________________

Seitenzahl: _______________________

Begonnen am: _______________________

Beendet am: _______________________

Kurzzusammenfassung:

____

____

____

____

____

Das hat mir am besten gefallen:

____

____

____

Das hat mir am wenigsten gut gefallen:

____

____

____

____

Mein Lieblingscharakter ist:

____

So hat mir dieses Buch gefallen:

☐ ♥   ☐ ♥ ♥   ☐ ♥ ♥ ♥   ☐ ♥ ♥ ♥ ♥   ☐ ♥ ♥ ♥ ♥ ♥

Rezension: ☐ JA   ☐ NEIN

Dieses Buch bleibt im Regal: ☐ JA   ☐ NEIN

Dieses Buch empfehle ich weiter an:
____

Lieblings-Buchzitate:

„____
____
____
____
____
____
____
____
____„

Platz für Zeichnungen oder Notizen zum Buch:

Buchtitel: _______________

Autor/-in: _______________

Verlag: _______________

Seitenzahl: _______________

Begonnen am: _______________

Beendet am: _______________

Kurzzusammenfassung:

____

____

____

____

____

Das hat mir am besten gefallen:

____

____

____

Das hat mir am wenigsten gut gefallen:

____

____

____

____

Mein Lieblingscharakter ist:

____

So hat mir dieses Buch gefallen:

☐ ♥   ☐ ♥ ♥   ☐ ♥ ♥ ♥   ☐ ♥ ♥ ♥ ♥   ☐ ♥ ♥ ♥ ♥ ♥

Rezension: ❐ JA   ❐ NEIN

Dieses Buch bleibt im Regal: ❐ JA   ❐ NEIN

Dieses Buch empfehle ich weiter an:
____

Lieblings-Buchzitate:

„____
____
____
____
____
____
____
____„

Platz für Zeichnungen oder Notizen zum Buch:

Buchtitel: ______________________

Autor/-in: ______________________

Verlag: ______________________

Seitenzahl: ______________________

Begonnen am: ______________________

Beendet am: ______________________

Kurzzusammenfassung:

____

____

____

____

____

Das hat mir am besten gefallen:

____

____

____

Das hat mir am wenigsten gut gefallen:

____

____

____

____

Mein Lieblingscharakter ist:

____

So hat mir dieses Buch gefallen:

☐ ♥   ☐ ♥ ♥   ☐ ♥ ♥ ♥   ☐ ♥ ♥ ♥ ♥   ☐ ♥ ♥ ♥ ♥ ♥

Rezension: ☐ JA   ☐ NEIN

Dieses Buch bleibt im Regal: ☐ JA   ☐ NEIN

Dieses Buch empfehle ich weiter an:
____

Lieblings-Buchzitate:

„____
____
____
____
____
____
____
____
____„

Platz für Zeichnungen oder Notizen zum Buch:

Buchtitel: ___________________

Autor/-in: ___________________

Verlag: ___________________

Seitenzahl: ___________________

Begonnen am: ___________________

Beendet am: ___________________

Kurzzusammenfassung:

____

____

____

____

____

Das hat mir am besten gefallen:

____

____

____

Das hat mir am wenigsten gut gefallen:

____

____

____

____

Mein Lieblingscharakter ist:

____

So hat mir dieses Buch gefallen:

☐ ♥   ☐ ♥ ♥   ☐ ♥ ♥ ♥   ☐ ♥ ♥ ♥ ♥   ☐ ♥ ♥ ♥ ♥ ♥

Rezension: ☐ JA　　　☐ NEIN

Dieses Buch bleibt im Regal: ☐ JA　　☐ NEIN

Dieses Buch empfehle ich weiter an:
____

Lieblings-Buchzitate:
„____
____
____
____
____
____
____
____„

Platz für Zeichnungen oder Notizen zum Buch:

„Würdest du mir bitte sagen, wie ich von
hier aus weitergehen soll?“
„Das hängt zum großen Teil davon ab, wohin du
möchtest“, sagte die Katze.

Lewis Carroll

Buchtitel: ___________________________

Autor/-in: ___________________________

Verlag: ___________________________

Seitenzahl: ___________________________

Begonnen am: ___________________________

Beendet am: ___________________________

Kurzzusammenfassung:

____

____

____

____

____

Das hat mir am besten gefallen:

____

____

____

Das hat mir am wenigsten gut gefallen:

____

____

____

Mein Lieblingscharakter ist:

____

So hat mir dieses Buch gefallen:

☐ ♥   ☐ ♥ ♥   ☐ ♥ ♥ ♥   ☐ ♥ ♥ ♥ ♥   ☐ ♥ ♥ ♥ ♥ ♥

Rezension: ❑ JA   ❑ NEIN

Dieses Buch bleibt im Regal: ❑ JA   ❑ NEIN

Dieses Buch empfehle ich weiter an:
____

Lieblings-Buchzitate:

„____
____
____
____
____
____
____
____„

Platz für Zeichnungen oder Notizen zum Buch:

Buchtitel:

Autor/-in:

Verlag:

Seitenzahl:

Begonnen am:

Beendet am:

Kurzzusammenfassung:

Das hat mir am besten gefallen:

Das hat mir am wenigsten gut gefallen:

Mein Lieblingscharakter ist:

So hat mir dieses Buch gefallen:

☐ ♥　　　☐ ♥ ♥　　　☐ ♥ ♥ ♥　　　☐ ♥ ♥ ♥ ♥　　　☐ ♥ ♥ ♥ ♥ ♥

Rezension: ☐ JA   ☐ NEIN

Dieses Buch bleibt im Regal: ☐ JA   ☐ NEIN

Dieses Buch empfehle ich weiter an:
____

Lieblings-Buchzitate:
„____
____
____
____
____
____
____
____„

Platz für Zeichnungen oder Notizen zum Buch:

Buchtitel: _______________________

Autor/-in: _______________________

Verlag: _______________________

Seitenzahl: _______________________

Begonnen am: _______________________

Beendet am: _______________________

Kurzzusammenfassung:

____

____

____

____

____

Das hat mir am besten gefallen:

____

____

____

Das hat mir am wenigsten gut gefallen:

____

____

____

____

Mein Lieblingscharakter ist:

____

So hat mir dieses Buch gefallen:

☐ ♥   ☐ ♥ ♥   ☐ ♥ ♥ ♥   ☐ ♥ ♥ ♥ ♥   ☐ ♥ ♥ ♥ ♥ ♥

Rezension: ☐ JA   ☐ NEIN

Dieses Buch bleibt im Regal: ☐ JA   ☐ NEIN

Dieses Buch empfehle ich weiter an:

____

Lieblings-Buchzitate:

„____

____

____

____

____

____

____

____„

Platz für Zeichnungen oder Notizen zum Buch:

Buchtitel: _______________

Autor/-in: _______________

Verlag: _______________

Seitenzahl: _______________

Begonnen am: _______________

Beendet am: _______________

Kurzzusammenfassung:

____
____
____
____
____

Das hat mir am besten gefallen:

____
____
____

Das hat mir am wenigsten gut gefallen:

____
____
____
____

Mein Lieblingscharakter ist:

____

So hat mir dieses Buch gefallen:

☐ ♥ ☐ ♥ ♥ ☐ ♥ ♥ ♥ ☐ ♥ ♥ ♥ ♥ ☐ ♥ ♥ ♥ ♥ ♥

Rezension: ☐ JA   ☐ NEIN

Dieses Buch bleibt im Regal: ☐ JA   ☐ NEIN

Dieses Buch empfehle ich weiter an:

____

Lieblings-Buchzitate:

„____
____
____
____
____
____
____
____
____„

Platz für Zeichnungen oder Notizen zum Buch:

Buchtitel: ___________________

Autor/-in: ___________________

Verlag: ___________________

Seitenzahl: ___________________

Begonnen am: ___________________

Beendet am: ___________________

Kurzzusammenfassung:

____

____

____

____

____

Das hat mir am besten gefallen:

____

____

____

Das hat mir am wenigsten gut gefallen:

____

____

____

____

Mein Lieblingscharakter ist:

____

So hat mir dieses Buch gefallen:

☐ ♥   ☐ ♥ ♥   ☐ ♥ ♥ ♥   ☐ ♥ ♥ ♥ ♥   ☐ ♥ ♥ ♥ ♥ ♥

Rezension: ☐ JA   ☐ NEIN

Dieses Buch bleibt im Regal: ☐ JA   ☐ NEIN

Dieses Buch empfehle ich weiter an:
____

Lieblings-Buchzitate:
„____
____
____
____
____
____
____
____
____„

Platz für Zeichnungen oder Notizen zum Buch:

Buchtitel: ______________________

Autor/-in: ______________________

Verlag: ______________________

Seitenzahl: ______________________

Begonnen am: ______________________

Beendet am: ______________________

Kurzzusammenfassung:

____

____

____

____

____

Das hat mir am besten gefallen:

____

____

____

Das hat mir am wenigsten gut gefallen:

____

____

____

Mein Lieblingscharakter ist:

____

So hat mir dieses Buch gefallen:

☐ ♥   ☐ ♥ ♥   ☐ ♥ ♥ ♥   ☐ ♥ ♥ ♥ ♥   ☐ ♥ ♥ ♥ ♥ ♥

Rezension: ❑ JA   ❑ NEIN

Dieses Buch bleibt im Regal: ❑ JA   ❑ NEIN

Dieses Buch empfehle ich weiter an:
____

Lieblings-Buchzitate:

„____
____
____
____
____
____
____
____
____„

Platz für Zeichnungen oder Notizen zum Buch:

Woman inWhite
Wilkie Collins
THE
WINNING
OF
BARBARA
WORTH
WRIGHT
DIANA CAREW
ENGLISH ELEMENTS AND

So regen wir die Ruder, stemmen uns gegen den Strom - und treiben doch stetig zurück, dem Vergangenen zu.

F. Scott Fitzgerald

Buchtitel: _______________

Autor/-in: _______________

Verlag: _______________

Seitenzahl: _______________

Begonnen am: _______________

Beendet am: _______________

Kurzzusammenfassung:

____

____

____

____

____

Das hat mir am besten gefallen:

____

____

____

Das hat mir am wenigsten gut gefallen:

____

____

____

Mein Lieblingscharakter ist:

____

So hat mir dieses Buch gefallen:

☐ ♥   ☐ ♥ ♥   ☐ ♥ ♥ ♥   ☐ ♥ ♥ ♥ ♥   ☐ ♥ ♥ ♥ ♥ ♥

Rezension: ☐ JA   ☐ NEIN

Dieses Buch bleibt im Regal: ☐ JA   ☐ NEIN

Dieses Buch empfehle ich weiter an:
____

Lieblings-Buchzitate:
„____
____
____
____
____
____
____
____
____„

Platz für Zeichnungen oder Notizen zum Buch:

Buchtitel: _______________________

Autor/-in: _______________________

Verlag: _______________________

Seitenzahl: _______________________

Begonnen am: _______________________

Beendet am: _______________________

Kurzzusammenfassung:

____

____

____

____

____

Das hat mir am besten gefallen:

____

____

____

Das hat mir am wenigsten gut gefallen:

____

____

____

____

Mein Lieblingscharakter ist:

____

So hat mir dieses Buch gefallen:

☐ ♥   ☐ ♥ ♥   ☐ ♥ ♥ ♥   ☐ ♥ ♥ ♥ ♥   ☐ ♥ ♥ ♥ ♥ ♥

Rezension: ☐ JA   ☐ NEIN

Dieses Buch bleibt im Regal: ☐ JA   ☐ NEIN

Dieses Buch empfehle ich weiter an:

____

Lieblings-Buchzitate:

„____
____
____
____
____
____
____
____„

Platz für Zeichnungen oder Notizen zum Buch:

Buchtitel:

Autor/-in:

Verlag:

Seitenzahl:

Begonnen am:

Beendet am:

Kurzzusammenfassung:

Das hat mir am besten gefallen:

Das hat mir am wenigsten gut gefallen:

Mein Lieblingscharakter ist:

So hat mir dieses Buch gefallen:

☐ ♥   ☐ ♥ ♥   ☐ ♥ ♥ ♥   ☐ ♥ ♥ ♥ ♥   ☐ ♥ ♥ ♥ ♥ ♥

Rezension: ◻ JA   ◻ NEIN

Dieses Buch bleibt im Regal: ◻ JA   ◻ NEIN

Dieses Buch empfehle ich weiter an:
____

Lieblings-Buchzitate:
„____
____
____
____
____
____
____
____„

Platz für Zeichnungen oder Notizen zum Buch:

Buchtitel: ______________________

Autor/-in: ______________________

Verlag: ______________________

Seitenzahl: ______________________

Begonnen am: ______________________

Beendet am: ______________________

Kurzzusammenfassung:

____

____

____

____

____

Das hat mir am besten gefallen:

____

____

____

Das hat mir am wenigsten gut gefallen:

____

____

____

____

Mein Lieblingscharakter ist:

____

So hat mir dieses Buch gefallen:

☐ ♥   ☐ ♥ ♥   ☐ ♥ ♥ ♥   ☐ ♥ ♥ ♥ ♥   ☐ ♥ ♥ ♥ ♥ ♥

Rezension: ☐ JA   ☐ NEIN

Dieses Buch bleibt im Regal: ☐ JA   ☐ NEIN

Dieses Buch empfehle ich weiter an:
____

Lieblings-Buchzitate:
„____
____
____
____
____
____
____
____„

Platz für Zeichnungen oder Notizen zum Buch:

Buchtitel: _______________________

Autor/-in: _______________________

Verlag: _______________________

Seitenzahl: _______________________

Begonnen am: _______________________

Beendet am: _______________________

Kurzzusammenfassung:

____

____

____

____

____

Das hat mir am besten gefallen:

____

____

____

Das hat mir am wenigsten gut gefallen:

____

____

____

Mein Lieblingscharakter ist:

____

So hat mir dieses Buch gefallen:

☐ ♥   ☐ ♥ ♥   ☐ ♥ ♥ ♥   ☐ ♥ ♥ ♥ ♥   ☐ ♥ ♥ ♥ ♥ ♥

Rezension: ☐ JA   ☐ NEIN

Dieses Buch bleibt im Regal: ☐ JA   ☐ NEIN

Dieses Buch empfehle ich weiter an:
____

Lieblings-Buchzitate:
„____
____
____
____
____
____
____
____"

Platz für Zeichnungen oder Notizen zum Buch:

Buchtitel: _______________________

Autor/-in: _______________________

Verlag: _______________________

Seitenzahl: _______________________

Begonnen am: _______________________

Beendet am: _______________________

Kurzzusammenfassung:

____

____

____

____

____

Das hat mir am besten gefallen:

____

____

____

Das hat mir am wenigsten gut gefallen:

____

____

____

____

Mein Lieblingscharakter ist:

____

So hat mir dieses Buch gefallen:

☐ ♥   ☐ ♥ ♥   ☐ ♥ ♥ ♥   ☐ ♥ ♥ ♥ ♥   ☐ ♥ ♥ ♥ ♥ ♥

Rezension: ☐ JA   ☐ NEIN

Dieses Buch bleibt im Regal: ☐ JA   ☐ NEIN

Dieses Buch empfehle ich weiter an:
____

Lieblings-Buchzitate:

„____
____
____
____
____
____
____
____
____„

Platz für Zeichnungen oder Notizen zum Buch:

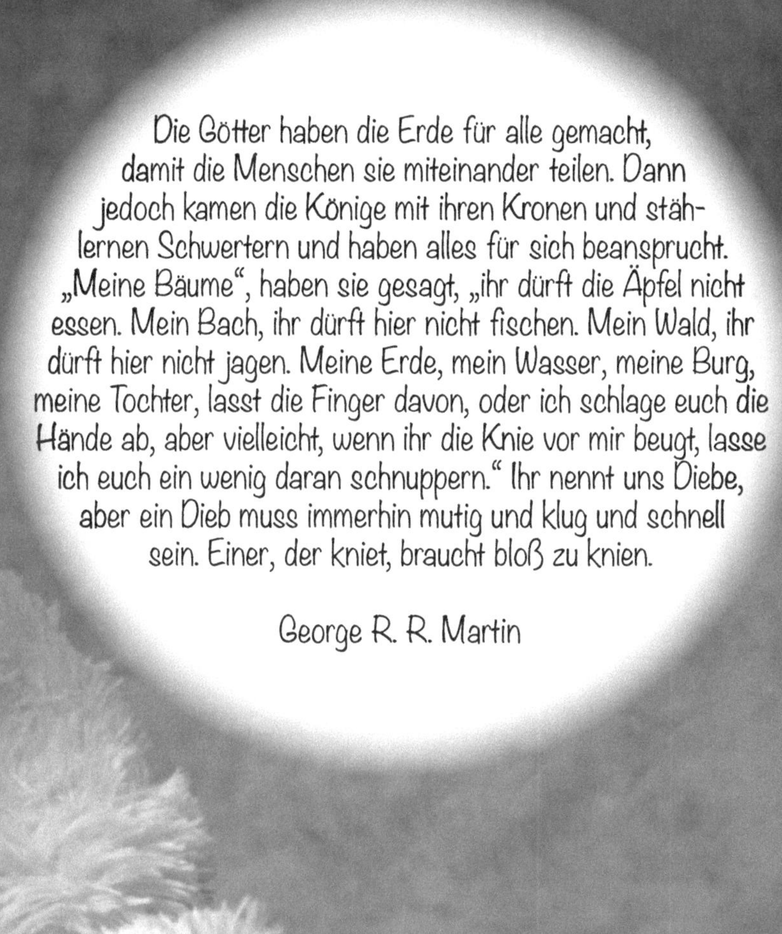

Die Götter haben die Erde für alle gemacht, damit die Menschen sie miteinander teilen. Dann jedoch kamen die Könige mit ihren Kronen und stählernen Schwertern und haben alles für sich beansprucht. „Meine Bäume", haben sie gesagt, „ihr dürft die Äpfel nicht essen. Mein Bach, ihr dürft hier nicht fischen. Mein Wald, ihr dürft hier nicht jagen. Meine Erde, mein Wasser, meine Burg, meine Tochter, lasst die Finger davon, oder ich schlage euch die Hände ab, aber vielleicht, wenn ihr die Knie vor mir beugt, lasse ich euch ein wenig daran schnuppern." Ihr nennt uns Diebe, aber ein Dieb muss immerhin mutig und klug und schnell sein. Einer, der kniet, braucht bloß zu knien.

George R. R. Martin

Buchtitel:
Autor/-in:
Verlag:
Seitenzahl:
Begonnen am:
Beendet am:

Kurzzusammenfassung:

Das hat mir am besten gefallen:

Das hat mir am wenigsten gut gefallen:

Mein Lieblingscharakter ist:

So hat mir dieses Buch gefallen:

☐ ♥   ☐ ♥ ♥   ☐ ♥ ♥ ♥   ☐ ♥ ♥ ♥ ♥   ☐ ♥ ♥ ♥ ♥ ♥

Rezension: ☐ JA   ☐ NEIN

Dieses Buch bleibt im Regal: ☐ JA   ☐ NEIN

Dieses Buch empfehle ich weiter an:
____

Lieblings-Buchzitate:
„____
____
____
____
____
____
____
____"

Platz für Zeichnungen oder Notizen zum Buch:

Buchtitel: _______________

Autor/-in: _______________

Verlag: _______________

Seitenzahl: _______________

Begonnen am: _______________

Beendet am: _______________

Kurzzusammenfassung:

____

____

____

____

____

Das hat mir am besten gefallen:

____

____

____

Das hat mir am wenigsten gut gefallen:

____

____

____

____

Mein Lieblingscharakter ist:

____

So hat mir dieses Buch gefallen:

☐ ♥   ☐ ♥ ♥   ☐ ♥ ♥ ♥   ☐ ♥ ♥ ♥ ♥   ☐ ♥ ♥ ♥ ♥ ♥

Rezension: ❐ JA   ❐ NEIN

Dieses Buch bleibt im Regal: ❐ JA   ❐ NEIN

Dieses Buch empfehle ich weiter an:
____

Lieblings-Buchzitate:

„____
____
____
____
____
____
____
____
____„

Platz für Zeichnungen oder Notizen zum Buch:

Buchtitel:

Autor/-in:

Verlag:

Seitenzahl:

Begonnen am:

Beendet am:

Kurzzusammenfassung:

Das hat mir am besten gefallen:

Das hat mir am wenigsten gut gefallen:

Mein Lieblingscharakter ist:

So hat mir dieses Buch gefallen:

☐ ♥   ☐ ♥ ♥   ☐ ♥ ♥ ♥   ☐ ♥ ♥ ♥ ♥   ☐ ♥ ♥ ♥ ♥ ♥

Rezension: ☐ JA   ☐ NEIN

Dieses Buch bleibt im Regal: ☐ JA   ☐ NEIN

Dieses Buch empfehle ich weiter an:
____

Lieblings-Buchzitate:
„____
____
____
____
____
____
____
____"

Platz für Zeichnungen oder Notizen zum Buch:

Buchtitel: ______________________

Autor/-in: ______________________

Verlag: ______________________

Seitenzahl: ______________________

Begonnen am: ______________________

Beendet am: ______________________

Kurzzusammenfassung:

____

____

____

____

____

Das hat mir am besten gefallen:

____

____

____

Das hat mir am wenigsten gut gefallen:

____

____

____

____

Mein Lieblingscharakter ist:

____

So hat mir dieses Buch gefallen:

☐ ♥   ☐ ♥ ♥   ☐ ♥ ♥ ♥   ☐ ♥ ♥ ♥ ♥   ☐ ♥ ♥ ♥ ♥ ♥

Rezension: ☐ JA   ☐ NEIN

Dieses Buch bleibt im Regal: ☐ JA   ☐ NEIN

Dieses Buch empfehle ich weiter an:
____

Lieblings-Buchzitate:
„____
____
____
____
____
____
____
____„

Platz für Zeichnungen oder Notizen zum Buch:

Buchtitel: ______________________

Autor/-in: ______________________

Verlag: ______________________

Seitenzahl: ______________________

Begonnen am: ______________________

Beendet am: ______________________

Kurzzusammenfassung:

____

____

____

____

____

Das hat mir am besten gefallen:

____

____

____

Das hat mir am wenigsten gut gefallen:

____

____

____

Mein Lieblingscharakter ist:

____

So hat mir dieses Buch gefallen:

☐ ♥   ☐ ♥ ♥   ☐ ♥ ♥ ♥   ☐ ♥ ♥ ♥ ♥   ☐ ♥ ♥ ♥ ♥ ♥

Rezension: ❏ JA   ❏ NEIN

Dieses Buch bleibt im Regal: ❏ JA   ❏ NEIN

Dieses Buch empfehle ich weiter an:

____

Lieblings-Buchzitate:

„____
____
____
____
____
____
____
____„

Platz für Zeichnungen oder Notizen zum Buch:

Buchtitel: ______________________

Autor/-in: ______________________

Verlag: ______________________

Seitenzahl: ______________________

Begonnen am: ______________________

Beendet am: ______________________

Kurzzusammenfassung:

____

____

____

____

____

Das hat mir am besten gefallen:

____

____

____

Das hat mir am wenigsten gut gefallen:

____

____

____

____

Mein Lieblingscharakter ist:

____

So hat mir dieses Buch gefallen:

☐ ♥   ☐ ♥ ♥   ☐ ♥ ♥ ♥   ☐ ♥ ♥ ♥ ♥   ☐ ♥ ♥ ♥ ♥ ♥

Rezension: ☐ JA   ☐ NEIN

Dieses Buch bleibt im Regal: ☐ JA   ☐ NEIN

Dieses Buch empfehle ich weiter an:
____

Lieblings-Buchzitate:

„____
____
____
____
____
____
____
____"

Platz für Zeichnungen oder Notizen zum Buch:

Ich bin sogar lieber mit dir zusammen,
sogar mit deinem Ich, das du für wertlos hältst, als mit
irgendjemand anderem auf der Welt.

Jojo Moyes

Buchtitel: ______________________

Autor/-in: ______________________

Verlag: ______________________

Seitenzahl: ______________________

Begonnen am: ______________________

Beendet am: ______________________

Kurzzusammenfassung:

____
____
____
____
____

Das hat mir am besten gefallen:

____
____
____

Das hat mir am wenigsten gut gefallen:

____
____
____
____

Mein Lieblingscharakter ist:

____

So hat mir dieses Buch gefallen:

☐ ♥   ☐ ♥ ♥   ☐ ♥ ♥ ♥   ☐ ♥ ♥ ♥ ♥   ☐ ♥ ♥ ♥ ♥ ♥

Rezension: ☐ JA   ☐ NEIN

Dieses Buch bleibt im Regal: ☐ JA   ☐ NEIN

Dieses Buch empfehle ich weiter an:
____

Lieblings-Buchzitate:
„____
____
____
____
____
____
____
____„

Platz für Zeichnungen oder Notizen zum Buch:

Buchtitel: _______________________

Autor/-in: _______________________

Verlag: _______________________

Seitenzahl: _______________________

Begonnen am: _______________________

Beendet am: _______________________

Kurzzusammenfassung:

____

____

____

____

____

Das hat mir am besten gefallen:

____

____

____

Das hat mir am wenigsten gut gefallen:

____

____

____

____

Mein Lieblingscharakter ist:

____

So hat mir dieses Buch gefallen:

☐ ♥   ☐ ♥ ♥   ☐ ♥ ♥ ♥   ☐ ♥ ♥ ♥ ♥   ☐ ♥ ♥ ♥ ♥ ♥

Rezension: ☐ JA ☐ NEIN

Dieses Buch bleibt im Regal: ☐ JA ☐ NEIN

Dieses Buch empfehle ich weiter an:
____

Lieblings-Buchzitate:
„____
____
____
____
____
____
____
____„

Platz für Zeichnungen oder Notizen zum Buch:

Buchtitel:

Autor/-in:

Verlag:

Seitenzahl:

Begonnen am:

Beendet am:

Kurzzusammenfassung:

Das hat mir am besten gefallen:

Das hat mir am wenigsten gut gefallen:

Mein Lieblingscharakter ist:

So hat mir dieses Buch gefallen:

☐ ♥   ☐ ♥ ♥   ☐ ♥ ♥ ♥   ☐ ♥ ♥ ♥ ♥   ☐ ♥ ♥ ♥ ♥ ♥

Rezension: ☐ JA   ☐ NEIN

Dieses Buch bleibt im Regal: ☐ JA   ☐ NEIN

Dieses Buch empfehle ich weiter an:
____

Lieblings-Buchzitate:
„____
____
____
____
____
____
____
____„

Platz für Zeichnungen oder Notizen zum Buch:

Buchtitel:

Autor/-in:

Verlag:

Seitenzahl:

Begonnen am:

Beendet am:

Kurzzusammenfassung:

Das hat mir am besten gefallen:

Das hat mir am wenigsten gut gefallen:

Mein Lieblingscharakter ist:

So hat mir dieses Buch gefallen:

☐ ♥   ☐ ♥ ♥   ☐ ♥ ♥ ♥   ☐ ♥ ♥ ♥ ♥   ☐ ♥ ♥ ♥ ♥ ♥

Rezension: ❏ JA   ❏ NEIN

Dieses Buch bleibt im Regal: ❏ JA   ❏ NEIN

Dieses Buch empfehle ich weiter an:
____

Lieblings-Buchzitate:
„____
____
____
____
____
____
____
____
____„

Platz für Zeichnungen oder Notizen zum Buch:

| | Buchtitel: _______________________ |
| Autor/-in: _______________________ |
| Verlag: _______________________ |
| Seitenzahl: _______________________ |
| Begonnen am: _______________________ |
| Beendet am: _______________________ |

Kurzzusammenfassung:

____
____
____
____
____

Das hat mir am besten gefallen:

____
____
____

Das hat mir am wenigsten gut gefallen:

____
____
____
____

Mein Lieblingscharakter ist:

____

So hat mir dieses Buch gefallen:

☐ ♥   ☐ ♥ ♥   ☐ ♥ ♥ ♥   ☐ ♥ ♥ ♥ ♥   ☐ ♥ ♥ ♥ ♥ ♥

Rezension: ☐ JA   ☐ NEIN

Dieses Buch bleibt im Regal: ☐ JA   ☐ NEIN

Dieses Buch empfehle ich weiter an:
____

Lieblings-Buchzitate:
„____
____
____
____
____
____
____
____„

Platz für Zeichnungen oder Notizen zum Buch:

Buchtitel: _________________________

Autor/-in: _________________________

Verlag: _________________________

Seitenzahl: _________________________

Begonnen am: _________________________

Beendet am: _________________________

Kurzzusammenfassung:

____

____

____

____

____

Das hat mir am besten gefallen:

____

____

____

Das hat mir am wenigsten gut gefallen:

____

____

____

____

Mein Lieblingscharakter ist:

____

So hat mir dieses Buch gefallen:

☐ ♥   ☐ ♥ ♥   ☐ ♥ ♥ ♥   ☐ ♥ ♥ ♥ ♥   ☐ ♥ ♥ ♥ ♥ ♥

Rezension: ☐ JA   ☐ NEIN

Dieses Buch bleibt im Regal: ☐ JA   ☐ NEIN

Dieses Buch empfehle ich weiter an:
____

Lieblings-Buchzitate:

„____
____
____
____
____
____
____
____
____„

Platz für Zeichnungen oder Notizen zum Buch:

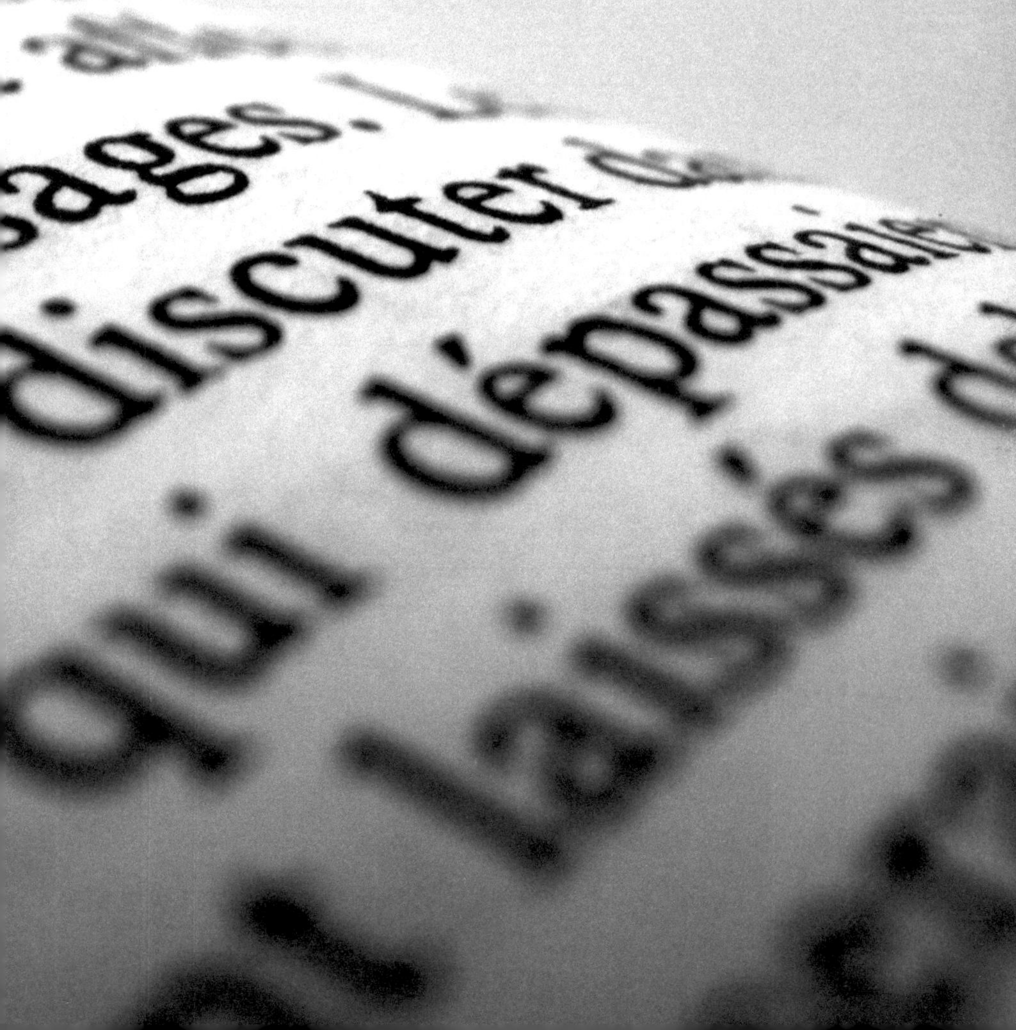

Wenn man den Menschen an der Spitze vernichtet, zerstört man damit Tausende, die unter ihm Stehen.

Kiera Cass

Buchtitel:

Autor/-in:

Verlag:

Seitenzahl:

Begonnen am:

Beendet am:

Kurzzusammenfassung:

Das hat mir am besten gefallen:

Das hat mir am wenigsten gut gefallen:

Mein Lieblingscharakter ist:

So hat mir dieses Buch gefallen:

☐ ♥   ☐ ♥ ♥   ☐ ♥ ♥ ♥   ☐ ♥ ♥ ♥ ♥   ☐ ♥ ♥ ♥ ♥ ♥

Rezension: ☐ JA   ☐ NEIN

Dieses Buch bleibt im Regal: ☐ JA   ☐ NEIN

Dieses Buch empfehle ich weiter an:
____

Lieblings-Buchzitate:
„____
____
____
____
____
____
____
____"

Platz für Zeichnungen oder Notizen zum Buch:

Buchtitel: ___________________

Autor/-in: ___________________

Verlag: ___________________

Seitenzahl: ___________________

Begonnen am: ___________________

Beendet am: ___________________

Kurzzusammenfassung:

____
____
____
____
____

Das hat mir am besten gefallen:

____
____
____

Das hat mir am wenigsten gut gefallen:

____
____
____

Mein Lieblingscharakter ist:

____

So hat mir dieses Buch gefallen:

☐ ♥   ☐ ♥ ♥   ☐ ♥ ♥ ♥   ☐ ♥ ♥ ♥ ♥   ☐ ♥ ♥ ♥ ♥ ♥

Rezension: ☐ JA   ☐ NEIN

Dieses Buch bleibt im Regal: ☐ JA   ☐ NEIN

Dieses Buch empfehle ich weiter an:

____

Lieblings-Buchzitate:

„____
____
____
____
____
____
____
____„

Platz für Zeichnungen oder Notizen zum Buch:

Buchtitel: _______________

Autor/-in: _______________

Verlag: _______________

Seitenzahl: _______________

Begonnen am: _______________

Beendet am: _______________

Kurzzusammenfassung:

____
____
____
____
____

Das hat mir am besten gefallen:

____
____
____

Das hat mir am wenigsten gut gefallen:

____
____
____

Mein Lieblingscharakter ist:

____

So hat mir dieses Buch gefallen:

☐ ♥   ☐ ♥ ♥   ☐ ♥ ♥ ♥   ☐ ♥ ♥ ♥ ♥   ☐ ♥ ♥ ♥ ♥ ♥

Rezension: ☐ JA   ☐ NEIN

Dieses Buch bleibt im Regal: ☐ JA   ☐ NEIN

Dieses Buch empfehle ich weiter an:
____

Lieblings-Buchzitate:

„____
____
____
____
____
____
____
____"

Platz für Zeichnungen oder Notizen zum Buch:

Buchtitel: _______________________

Autor/-in: _______________________

Verlag: _______________________

Seitenzahl: _______________________

Begonnen am: _______________________

Beendet am: _______________________

Kurzzusammenfassung:

____

____

____

____

____

Das hat mir am besten gefallen:

____

____

____

Das hat mir am wenigsten gut gefallen:

____

____

____

____

Mein Lieblingscharakter ist:

____

So hat mir dieses Buch gefallen:

☐ ♥   ☐ ♥ ♥   ☐ ♥ ♥ ♥   ☐ ♥ ♥ ♥ ♥   ☐ ♥ ♥ ♥ ♥ ♥

Rezension: ☐ JA   ☐ NEIN

Dieses Buch bleibt im Regal: ☐ JA   ☐ NEIN

Dieses Buch empfehle ich weiter an:

____

Lieblings-Buchzitate:

„____
____
____
____
____
____
____
____„

Platz für Zeichnungen oder Notizen zum Buch:

Buchtitel: ______________________

Autor/-in: ______________________

Verlag: ______________________

Seitenzahl: ______________________

Begonnen am: ______________________

Beendet am: ______________________

Kurzzusammenfassung:

____

____

____

____

____

Das hat mir am besten gefallen:

____

____

____

Das hat mir am wenigsten gut gefallen:

____

____

____

____

Mein Lieblingscharakter ist:

____

So hat mir dieses Buch gefallen:

☐ ♥   ☐ ♥ ♥   ☐ ♥ ♥ ♥   ☐ ♥ ♥ ♥ ♥   ☐ ♥ ♥ ♥ ♥ ♥

Rezension: ☐ JA   ☐ NEIN

Dieses Buch bleibt im Regal: ☐ JA   ☐ NEIN

Dieses Buch empfehle ich weiter an:

____

Lieblings-Buchzitate:

„____
____
____
____
____
____
____
____"

Platz für Zeichnungen oder Notizen zum Buch:

Buchtitel: ______________________

Autor/-in: ______________________

Verlag: ______________________

Seitenzahl: ______________________

Begonnen am: ______________________

Beendet am: ______________________

Kurzzusammenfassung:

____

____

____

____

____

Das hat mir am besten gefallen:

____

____

____

Das hat mir am wenigsten gut gefallen:

____

____

____

____

Mein Lieblingscharakter ist:

____

So hat mir dieses Buch gefallen:

☐ ♥   ☐ ♥ ♥   ☐ ♥ ♥ ♥   ☐ ♥ ♥ ♥ ♥   ☐ ♥ ♥ ♥ ♥ ♥

Rezension: ❑ JA   ❑ NEIN

Dieses Buch bleibt im Regal: ❑ JA   ❑ NEIN

Dieses Buch empfehle ich weiter an:
____

Lieblings-Buchzitate:

„____
____
____
____
____
____
____
____„

Platz für Zeichnungen oder Notizen zum Buch:

Sterben soll was trauriges sein. Ich bin gerade ungefähr so traurig wie ein jungfräulicher Elftklässer in einem japanischen Liebeshotel mit einer Prostituierten und einem Bündel Geldscheine.

Samantha Young

Buchtitel: _______________________

Autor/-in: _______________________

Verlag: _______________________

Seitenzahl: _______________________

Begonnen am: _______________________

Beendet am: _______________________

Kurzzusammenfassung:

____

____

____

____

____

Das hat mir am besten gefallen:

____

____

____

Das hat mir am wenigsten gut gefallen:

____

____

____

Mein Lieblingscharakter ist:

____

So hat mir dieses Buch gefallen:

☐ ♥   ☐ ♥ ♥   ☐ ♥ ♥ ♥   ☐ ♥ ♥ ♥ ♥   ☐ ♥ ♥ ♥ ♥ ♥

Rezension: ☐ JA   ☐ NEIN

Dieses Buch bleibt im Regal: ☐ JA   ☐ NEIN

Dieses Buch empfehle ich weiter an:

____

Lieblings-Buchzitate:

„____
____
____
____
____
____
____
____
____„

Platz für Zeichnungen oder Notizen zum Buch:

Buchtitel: ____________________

Autor/-in: ____________________

Verlag: ____________________

Seitenzahl: ____________________

Begonnen am: ____________________

Beendet am: ____________________

Kurzzusammenfassung:

____
____
____
____
____

Das hat mir am besten gefallen:

____
____
____

Das hat mir am wenigsten gut gefallen:

____
____
____
____

Mein Lieblingscharakter ist:

____

So hat mir dieses Buch gefallen:

☐ ♥   ☐ ♥ ♥   ☐ ♥ ♥ ♥   ☐ ♥ ♥ ♥ ♥   ☐ ♥ ♥ ♥ ♥ ♥

Rezension: ☐ JA   ☐ NEIN

Dieses Buch bleibt im Regal: ☐ JA   ☐ NEIN

Dieses Buch empfehle ich weiter an:

____

Lieblings-Buchzitate:

„____
____
____
____
____
____
____
____„

Platz für Zeichnungen oder Notizen zum Buch:

Buchtitel: __________________________

Autor/-in: __________________________

Verlag: __________________________

Seitenzahl: __________________________

Begonnen am: __________________________

Beendet am: __________________________

Kurzzusammenfassung:

____

____

____

____

____

Das hat mir am besten gefallen:

____

____

____

Das hat mir am wenigsten gut gefallen:

____

____

____

____

Mein Lieblingscharakter ist:

____

So hat mir dieses Buch gefallen:

☐ ♥   ☐ ♥ ♥   ☐ ♥ ♥ ♥   ☐ ♥ ♥ ♥ ♥   ☐ ♥ ♥ ♥ ♥ ♥

Rezension: ❏ JA   ❏ NEIN

Dieses Buch bleibt im Regal: ❏ JA   ❏ NEIN

Dieses Buch empfehle ich weiter an:
____

Lieblings-Buchzitate:

„____
____
____
____
____
____
____
____"

Platz für Zeichnungen oder Notizen zum Buch:

Buchtitel: ___________________________

Autor/-in: ___________________________

Verlag: ___________________________

Seitenzahl: ___________________________

Begonnen am: ___________________________

Beendet am: ___________________________

Kurzzusammenfassung:

____

____

____

____

____

Das hat mir am besten gefallen:

____

____

____

Das hat mir am wenigsten gut gefallen:

____

____

____

Mein Lieblingscharakter ist:

____

So hat mir dieses Buch gefallen:

☐ ♥   ☐ ♥ ♥   ☐ ♥ ♥ ♥   ☐ ♥ ♥ ♥ ♥   ☐ ♥ ♥ ♥ ♥ ♥

Rezension: ☐ JA   ☐ NEIN

Dieses Buch bleibt im Regal: ☐ JA   ☐ NEIN

Dieses Buch empfehle ich weiter an:
____

Lieblings-Buchzitate:

„____
____
____
____
____
____
____
____
____„

Platz für Zeichnungen oder Notizen zum Buch:

Buchtitel:

Autor/-in:

Verlag:

Seitenzahl:

Begonnen am:

Beendet am:

Kurzzusammenfassung:

Das hat mir am besten gefallen:

Das hat mir am wenigsten gut gefallen:

Mein Lieblingscharakter ist:

So hat mir dieses Buch gefallen:

☐ ♥   ☐ ♥ ♥   ☐ ♥ ♥ ♥   ☐ ♥ ♥ ♥ ♥   ☐ ♥ ♥ ♥ ♥ ♥

Rezension: ☐ JA   ☐ NEIN

Dieses Buch bleibt im Regal: ☐ JA   ☐ NEIN

Dieses Buch empfehle ich weiter an:
____

Lieblings-Buchzitate:
„____
____
____
____
____
____
____
____„

Platz für Zeichnungen oder Notizen zum Buch:

Buchtitel:

Autor/-in:

Verlag:

Seitenzahl:

Begonnen am:

Beendet am:

Kurzzusammenfassung:

Das hat mir am besten gefallen:

Das hat mir am wenigsten gut gefallen:

Mein Lieblingscharakter ist:

So hat mir dieses Buch gefallen:

☐ ♥   ☐ ♥ ♥   ☐ ♥ ♥ ♥   ☐ ♥ ♥ ♥ ♥   ☐ ♥ ♥ ♥ ♥ ♥

Rezension: ☐ JA   ☐ NEIN

Dieses Buch bleibt im Regal: ☐ JA   ☐ NEIN

Dieses Buch empfehle ich weiter an:
____

Lieblings-Buchzitate:

„____
____
____
____
____
____
____
____„

Platz für Zeichnungen oder Notizen zum Buch:

SCRIVERS
SEELEN SCHATZ
Gesangbuch.

Vergebens habe ich dagegen angekämpft. Es geht einfach nicht. Meine Gefühle lassen sich nicht unterdrücken. Sie müssen mir gestatten ihnen zu sagen, wie glühend ich sie verehre und liebe.

Jane Austen

Buchtitel: _______________________

Autor/-in: _______________________

Verlag: _______________________

Seitenzahl: _______________________

Begonnen am: _______________________

Beendet am: _______________________

Kurzzusammenfassung:

____

____

____

____

____

Das hat mir am besten gefallen:

____

____

____

Das hat mir am wenigsten gut gefallen:

____

____

____

Mein Lieblingscharakter ist:

____

So hat mir dieses Buch gefallen:

☐ ♥   ☐ ♥ ♥   ☐ ♥ ♥ ♥   ☐ ♥ ♥ ♥ ♥   ☐ ♥ ♥ ♥ ♥ ♥

Rezension: ☐ JA ☐ NEIN

Dieses Buch bleibt im Regal: ☐ JA ☐ NEIN

Dieses Buch empfehle ich weiter an:
____

Lieblings-Buchzitate:

„____
____
____
____
____
____
____
____„

Platz für Zeichnungen oder Notizen zum Buch:

Buchtitel:

Autor/-in:

Verlag:

Seitenzahl:

Begonnen am:

Beendet am:

Kurzzusammenfassung:

Das hat mir am besten gefallen:

Das hat mir am wenigsten gut gefallen:

Mein Lieblingscharakter ist:

So hat mir dieses Buch gefallen:

☐ ♥   ☐ ♥ ♥   ☐ ♥ ♥ ♥   ☐ ♥ ♥ ♥ ♥   ☐ ♥ ♥ ♥ ♥ ♥

Rezension: ☐ JA   ☐ NEIN

Dieses Buch bleibt im Regal: ☐ JA   ☐ NEIN

Dieses Buch empfehle ich weiter an:
____

Lieblings-Buchzitate:
„____
____
____
____
____
____
____
____"

Platz für Zeichnungen oder Notizen zum Buch:

	Buchtitel: ______________________
	Autor/-in: ______________________
	Verlag: ______________________
	Seitenzahl: ______________________
	Begonnen am: ______________________
	Beendet am: ______________________

Kurzzusammenfassung:

____

____

____

____

____

Das hat mir am besten gefallen:

____

____

____

Das hat mir am wenigsten gut gefallen:

____

____

____

____

Mein Lieblingscharakter ist:

____

So hat mir dieses Buch gefallen:

☐ ♥   ☐ ♥ ♥   ☐ ♥ ♥ ♥   ☐ ♥ ♥ ♥ ♥   ☐ ♥ ♥ ♥ ♥ ♥

Rezension: ☐ JA   ☐ NEIN

Dieses Buch bleibt im Regal: ☐ JA   ☐ NEIN

Dieses Buch empfehle ich weiter an:
____

Lieblings-Buchzitate:
„____
____
____
____
____
____
____
____„

Platz für Zeichnungen oder Notizen zum Buch:

Buchtitel: _______________________

Autor/-in: _______________________

Verlag: _______________________

Seitenzahl: _______________________

Begonnen am: _______________________

Beendet am: _______________________

Kurzzusammenfassung:

____

____

____

____

____

Das hat mir am besten gefallen:

____

____

____

Das hat mir am wenigsten gut gefallen:

____

____

____

____

Mein Lieblingscharakter ist:

____

So hat mir dieses Buch gefallen:

☐ ♥   ☐ ♥ ♥   ☐ ♥ ♥ ♥   ☐ ♥ ♥ ♥ ♥   ☐ ♥ ♥ ♥ ♥ ♥

Rezension: ❏ JA   ❏ NEIN

Dieses Buch bleibt im Regal: ❏ JA   ❏ NEIN

Dieses Buch empfehle ich weiter an:
____

Lieblings-Buchzitate:

„____
____
____
____
____
____
____
____„

Platz für Zeichnungen oder Notizen zum Buch:

Buchtitel: ______________________________

Autor/-in: ______________________________

Verlag: ______________________________

Seitenzahl: ______________________________

Begonnen am: ______________________________

Beendet am: ______________________________

Kurzzusammenfassung:

____

____

____

____

____

Das hat mir am besten gefallen:

____

____

____

Das hat mir am wenigsten gut gefallen:

____

____

____

____

Mein Lieblingscharakter ist:

____

So hat mir dieses Buch gefallen:

☐ ♥   ☐ ♥ ♥   ☐ ♥ ♥ ♥   ☐ ♥ ♥ ♥ ♥   ☐ ♥ ♥ ♥ ♥ ♥

Rezension: ☐ JA   ☐ NEIN

Dieses Buch bleibt im Regal: ☐ JA   ☐ NEIN

Dieses Buch empfehle ich weiter an:
____

Lieblings-Buchzitate:
„____
____
____
____
____
____
____
____
____„

Platz für Zeichnungen oder Notizen zum Buch:

Buchtitel: _______________________

Autor/-in: _______________________

Verlag: _______________________

Seitenzahl: _______________________

Begonnen am: _______________________

Beendet am: _______________________

Kurzzusammenfassung:

____

____

____

____

____

Das hat mir am besten gefallen:

____

____

____

Das hat mir am wenigsten gut gefallen:

____

____

____

Mein Lieblingscharakter ist:

____

So hat mir dieses Buch gefallen:

☐ ♥   ☐ ♥ ♥   ☐ ♥ ♥ ♥   ☐ ♥ ♥ ♥ ♥   ☐ ♥ ♥ ♥ ♥ ♥

Rezension: ☐ JA   ☐ NEIN

Dieses Buch bleibt im Regal: ☐ JA   ☐ NEIN

Dieses Buch empfehle ich weiter an:
____

Lieblings-Buchzitate:

„____
____
____
____
____
____
____
____"

Platz für Zeichnungen oder Notizen zum Buch:

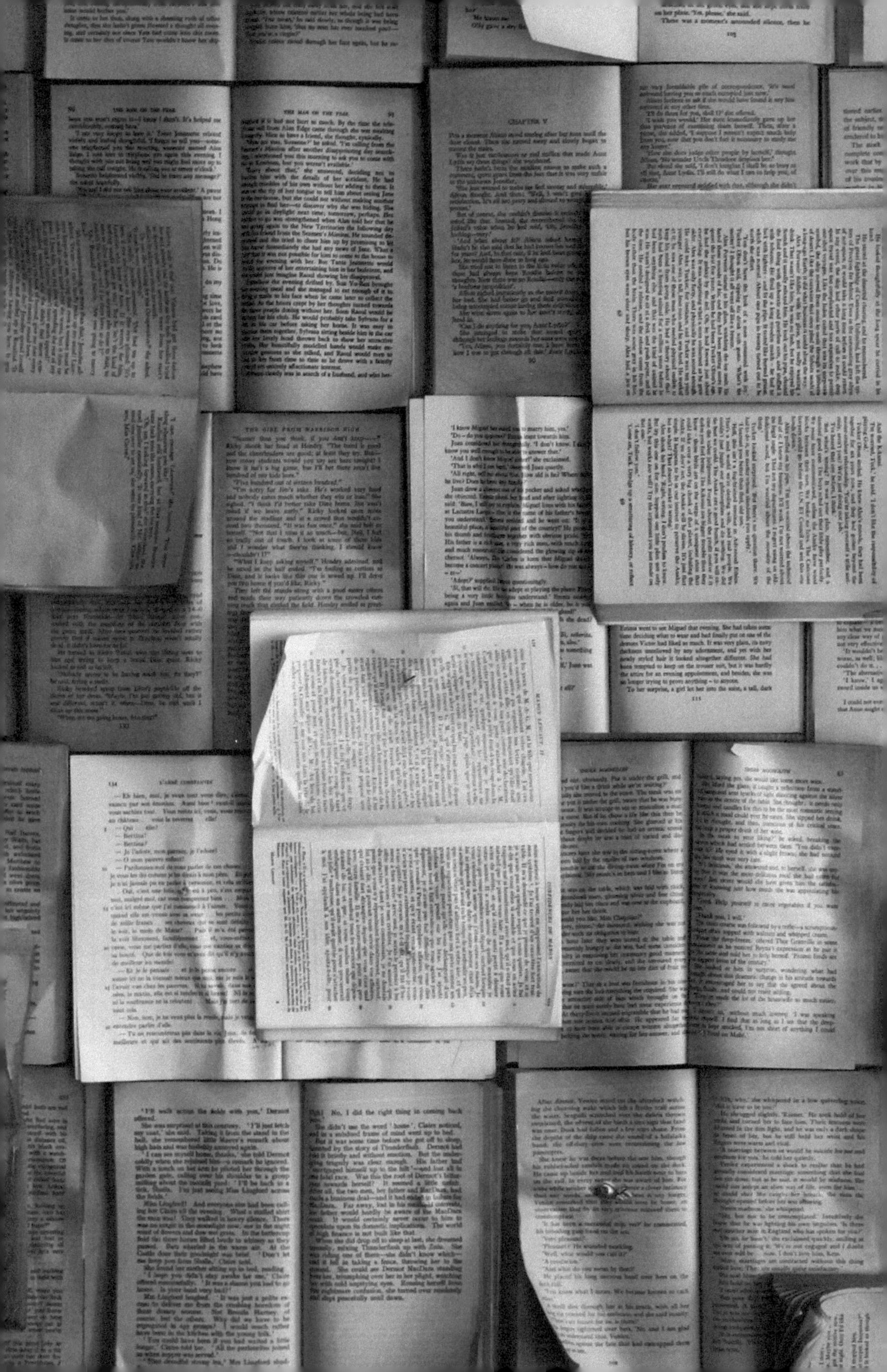
THE MAN ON THE PEAK
CHAPTER V
THE GIRL FROM HARRISON HIGH

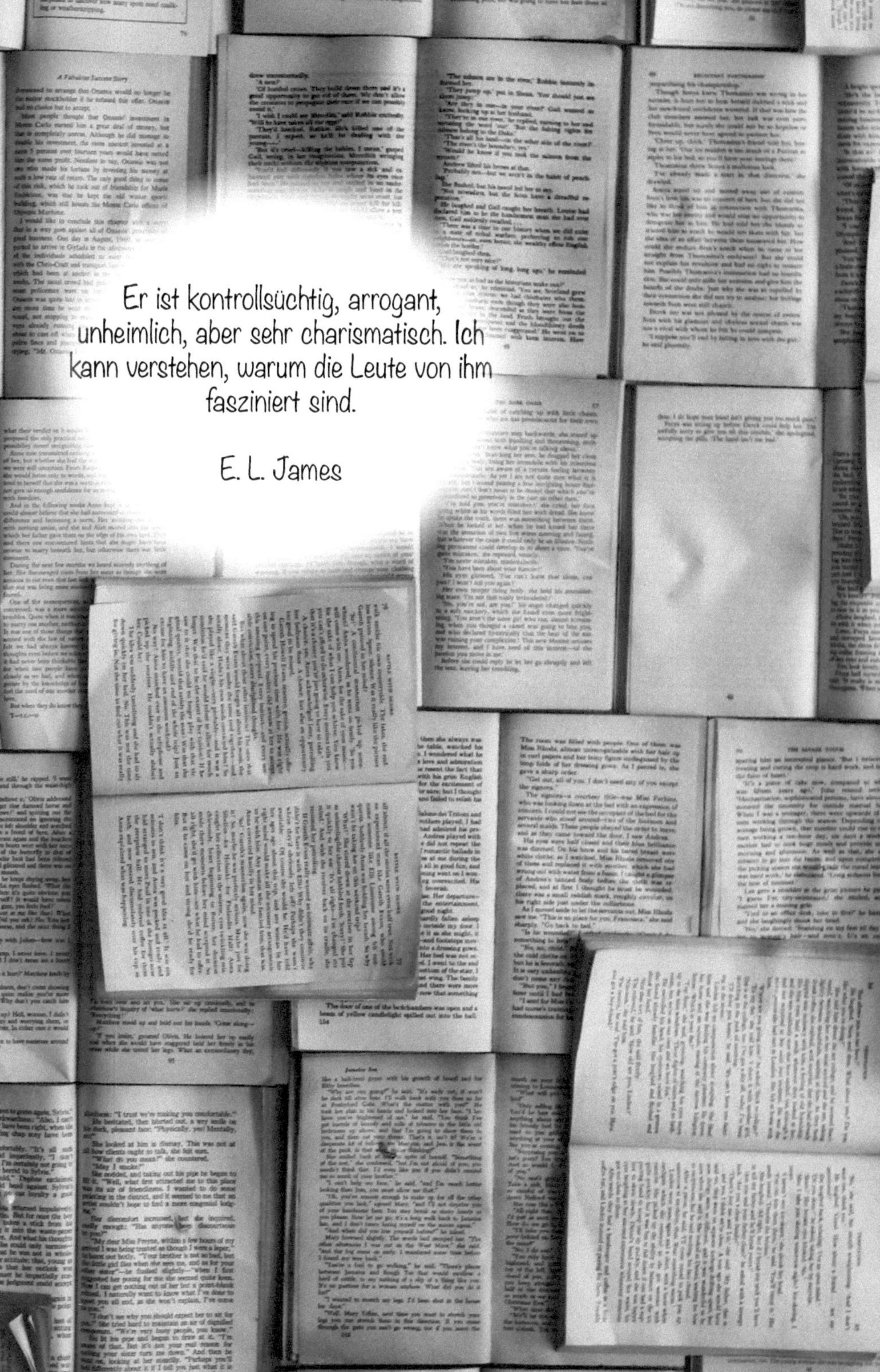
Er ist kontrollsüchtig, arrogant, unheimlich, aber sehr charismatisch. Ich kann verstehen, warum die Leute von ihm fasziniert sind.

E. L. James

Buchtitel: _______________________

Autor/-in: _______________________

Verlag: _______________________

Seitenzahl: _______________________

Begonnen am: _______________________

Beendet am: _______________________

Kurzzusammenfassung:

____
____
____
____
____

Das hat mir am besten gefallen:

____
____
____

Das hat mir am wenigsten gut gefallen:

____
____
____
____

Mein Lieblingscharakter ist:

____

So hat mir dieses Buch gefallen:

☐ ♥   ☐ ♥ ♥   ☐ ♥ ♥ ♥   ☐ ♥ ♥ ♥ ♥   ☐ ♥ ♥ ♥ ♥ ♥

Rezension: ☐ JA   ☐ NEIN

Dieses Buch bleibt im Regal: ☐ JA   ☐ NEIN

Dieses Buch empfehle ich weiter an:
____

Lieblings-Buchzitate:
„____
____
____
____
____
____
____
____
____"

Platz für Zeichnungen oder Notizen zum Buch:

Buchtitel: _______________________

Autor/-in: _______________________

Verlag: _______________________

Seitenzahl: _______________________

Begonnen am: _______________________

Beendet am: _______________________

Kurzzusammenfassung:

____
____
____
____
____

Das hat mir am besten gefallen:

____
____
____

Das hat mir am wenigsten gut gefallen:

____
____
____
____

Mein Lieblingscharakter ist:

____

So hat mir dieses Buch gefallen:

☐ ♥　　　☐ ♥ ♥　　　☐ ♥ ♥ ♥　　　☐ ♥ ♥ ♥ ♥　　　☐ ♥ ♥ ♥ ♥ ♥

Rezension: ❑ JA   ❑ NEIN

Dieses Buch bleibt im Regal: ❑ JA   ❑ NEIN

Dieses Buch empfehle ich weiter an:

____

Lieblings-Buchzitate:

„____

____

____

____

____

____

____

____„

Platz für Zeichnungen oder Notizen zum Buch:

Buchtitel: _______________________

Autor/-in: _______________________

Verlag: _______________________

Seitenzahl: _______________________

Begonnen am: _______________________

Beendet am: _______________________

Kurzzusammenfassung:

____

____

____

____

____

Das hat mir am besten gefallen:

____

____

____

Das hat mir am wenigsten gut gefallen:

____

____

____

____

Mein Lieblingscharakter ist:

____

So hat mir dieses Buch gefallen:

☐ ♥   ☐ ♥ ♥   ☐ ♥ ♥ ♥   ☐ ♥ ♥ ♥ ♥   ☐ ♥ ♥ ♥ ♥ ♥

Rezension: ☐ JA   ☐ NEIN

Dieses Buch bleibt im Regal: ☐ JA   ☐ NEIN

Dieses Buch empfehle ich weiter an:
____

Lieblings-Buchzitate:
„____
____
____
____
____
____
____
____"

Platz für Zeichnungen oder Notizen zum Buch:

Buchtitel: _______________

Autor/-in: _______________

Verlag: _______________

Seitenzahl: _______________

Begonnen am: _______________

Beendet am: _______________

Kurzzusammenfassung:

____

____

____

____

____

Das hat mir am besten gefallen:

____

____

____

Das hat mir am wenigsten gut gefallen:

____

____

____

____

Mein Lieblingscharakter ist:

____

So hat mir dieses Buch gefallen:

☐ ♥   ☐ ♥ ♥   ☐ ♥ ♥ ♥   ☐ ♥ ♥ ♥ ♥   ☐ ♥ ♥ ♥ ♥ ♥

Rezension: ☐ JA   ☐ NEIN

Dieses Buch bleibt im Regal: ☐ JA   ☐ NEIN

Dieses Buch empfehle ich weiter an:
____

Lieblings-Buchzitate:
„____
____
____
____
____
____
____
____
____"

Platz für Zeichnungen oder Notizen zum Buch:

Buchtitel: _______________________

Autor/-in: _______________________

Verlag: _______________________

Seitenzahl: _______________________

Begonnen am: _______________________

Beendet am: _______________________

Kurzzusammenfassung:

____

____

____

____

____

Das hat mir am besten gefallen:

____

____

____

Das hat mir am wenigsten gut gefallen:

____

____

____

Mein Lieblingscharakter ist:

____

So hat mir dieses Buch gefallen:

☐ ♥   ☐ ♥ ♥   ☐ ♥ ♥ ♥   ☐ ♥ ♥ ♥ ♥   ☐ ♥ ♥ ♥ ♥ ♥

Rezension: ☐ JA ☐ NEIN

Dieses Buch bleibt im Regal: ☐ JA ☐ NEIN

Dieses Buch empfehle ich weiter an:
____

Lieblings-Buchzitate:

„____
____
____
____
____
____
____
____
____"

Platz für Zeichnungen oder Notizen zum Buch:

Buchtitel: _______________

Autor/-in: _______________

Verlag: _______________

Seitenzahl: _______________

Begonnen am: _______________

Beendet am: _______________

Kurzzusammenfassung:

____

____

____

____

____

Das hat mir am besten gefallen:

____

____

____

Das hat mir am wenigsten gut gefallen:

____

____

____

____

Mein Lieblingscharakter ist:

____

So hat mir dieses Buch gefallen:

☐ ♥   ☐ ♥ ♥   ☐ ♥ ♥ ♥   ☐ ♥ ♥ ♥ ♥   ☐ ♥ ♥ ♥ ♥ ♥

Rezension: ☐ JA   ☐ NEIN

Dieses Buch bleibt im Regal: ☐ JA   ☐ NEIN

Dieses Buch empfehle ich weiter an:
____

Lieblings-Buchzitate:

„____
____
____
____
____
____
____
____„

Platz für Zeichnungen oder Notizen zum Buch:

Ein Lerchenvogel tat sich einst
im Jägernetz verfangen.
Und singt so süß und singt so rein,
als ob der Stimme Zauberklang –
ihn wieder könnt befrein.

Ken Follet

Buchtitel: _______________________

Autor/-in: _______________________

Verlag: _______________________

Seitenzahl: _______________________

Begonnen am: _______________________

Beendet am: _______________________

Kurzzusammenfassung:

____

____

____

____

____

Das hat mir am besten gefallen:

____

____

____

Das hat mir am wenigsten gut gefallen:

____

____

____

____

Mein Lieblingscharakter ist:

____

So hat mir dieses Buch gefallen:

☐ ♥   ☐ ♥ ♥   ☐ ♥ ♥ ♥   ☐ ♥ ♥ ♥ ♥   ☐ ♥ ♥ ♥ ♥ ♥

Rezension: ❑ JA   ❑ NEIN

Dieses Buch bleibt im Regal: ❑ JA   ❑ NEIN

Dieses Buch empfehle ich weiter an:
____

Lieblings-Buchzitate:
„____
____
____
____
____
____
____
____
____„

Platz für Zeichnungen oder Notizen zum Buch:

Buchtitel: _______________________

Autor/-in: _______________________

Verlag: _______________________

Seitenzahl: _______________________

Begonnen am: _______________________

Beendet am: _______________________

Kurzzusammenfassung:

____

____

____

____

____

Das hat mir am besten gefallen:

____

____

____

Das hat mir am wenigsten gut gefallen:

____

____

____

____

Mein Lieblingscharakter ist:

____

So hat mir dieses Buch gefallen:

☐ ♥   ☐ ♥ ♥   ☐ ♥ ♥ ♥   ☐ ♥ ♥ ♥ ♥   ☐ ♥ ♥ ♥ ♥ ♥

Rezension: ☐ JA   ☐ NEIN

Dieses Buch bleibt im Regal: ☐ JA   ☐ NEIN

Dieses Buch empfehle ich weiter an:
____

Lieblings-Buchzitate:
„____
____
____
____
____
____
____
____„

Platz für Zeichnungen oder Notizen zum Buch:

Buchtitel: ______________________

Autor/-in: ______________________

Verlag: ______________________

Seitenzahl: ______________________

Begonnen am: ______________________

Beendet am: ______________________

Kurzzusammenfassung:

____
____
____
____
____

Das hat mir am besten gefallen:

____
____
____

Das hat mir am wenigsten gut gefallen:

____
____
____
____

Mein Lieblingscharakter ist:

____

So hat mir dieses Buch gefallen:

☐ ♥   ☐ ♥ ♥   ☐ ♥ ♥ ♥   ☐ ♥ ♥ ♥ ♥   ☐ ♥ ♥ ♥ ♥ ♥

Rezension: ❏ JA   ❏ NEIN

Dieses Buch bleibt im Regal: ❏ JA   ❏ NEIN

Dieses Buch empfehle ich weiter an:
____

Lieblings-Buchzitate:
„____
____
____
____
____
____
____
____„

Platz für Zeichnungen oder Notizen zum Buch:

Buchtitel: _______________________

Autor/-in: _______________________

Verlag: _______________________

Seitenzahl: _______________________

Begonnen am: _______________________

Beendet am: _______________________

Kurzzusammenfassung:

____

____

____

____

____

Das hat mir am besten gefallen:

____

____

____

Das hat mir am wenigsten gut gefallen:

____

____

____

____

Mein Lieblingscharakter ist:

____

So hat mir dieses Buch gefallen:

☐ ♥   ☐ ♥ ♥   ☐ ♥ ♥ ♥   ☐ ♥ ♥ ♥ ♥   ☐ ♥ ♥ ♥ ♥ ♥

Rezension: ☐ JA   ☐ NEIN

Dieses Buch bleibt im Regal: ☐ JA   ☐ NEIN

Dieses Buch empfehle ich weiter an:

____

Lieblings-Buchzitate:

„____
____
____
____
____
____
____
____"

Platz für Zeichnungen oder Notizen zum Buch:

Buchtitel: ____________________

Autor/-in: ____________________

Verlag: ____________________

Seitenzahl: ____________________

Begonnen am: ____________________

Beendet am: ____________________

Kurzzusammenfassung:

Das hat mir am besten gefallen:

Das hat mir am wenigsten gut gefallen:

Mein Lieblingscharakter ist:

So hat mir dieses Buch gefallen:

☐ ♥   ☐ ♥ ♥   ☐ ♥ ♥ ♥   ☐ ♥ ♥ ♥ ♥   ☐ ♥ ♥ ♥ ♥ ♥

Rezension: ☐ JA   ☐ NEIN

Dieses Buch bleibt im Regal: ☐ JA   ☐ NEIN

Dieses Buch empfehle ich weiter an:
____

Lieblings-Buchzitate:
„____
____
____
____
____
____
____
____"

Platz für Zeichnungen oder Notizen zum Buch:

Buchtitel: _______________________

Autor/-in: _______________________

Verlag: _______________________

Seitenzahl: _______________________

Begonnen am: _______________________

Beendet am: _______________________

Kurzzusammenfassung:

____

____

____

____

____

Das hat mir am besten gefallen:

____

____

____

Das hat mir am wenigsten gut gefallen:

____

____

____

____

Mein Lieblingscharakter ist:

____

So hat mir dieses Buch gefallen:

☐ ♥   ☐ ♥ ♥   ☐ ♥ ♥ ♥   ☐ ♥ ♥ ♥ ♥   ☐ ♥ ♥ ♥ ♥ ♥

Rezension: ☐ JA   ☐ NEIN

Dieses Buch bleibt im Regal: ☐ JA   ☐ NEIN

Dieses Buch empfehle ich weiter an:
____

Lieblings-Buchzitate:
„____
____
____
____
____
____
____
____"

Platz für Zeichnungen oder Notizen zum Buch:

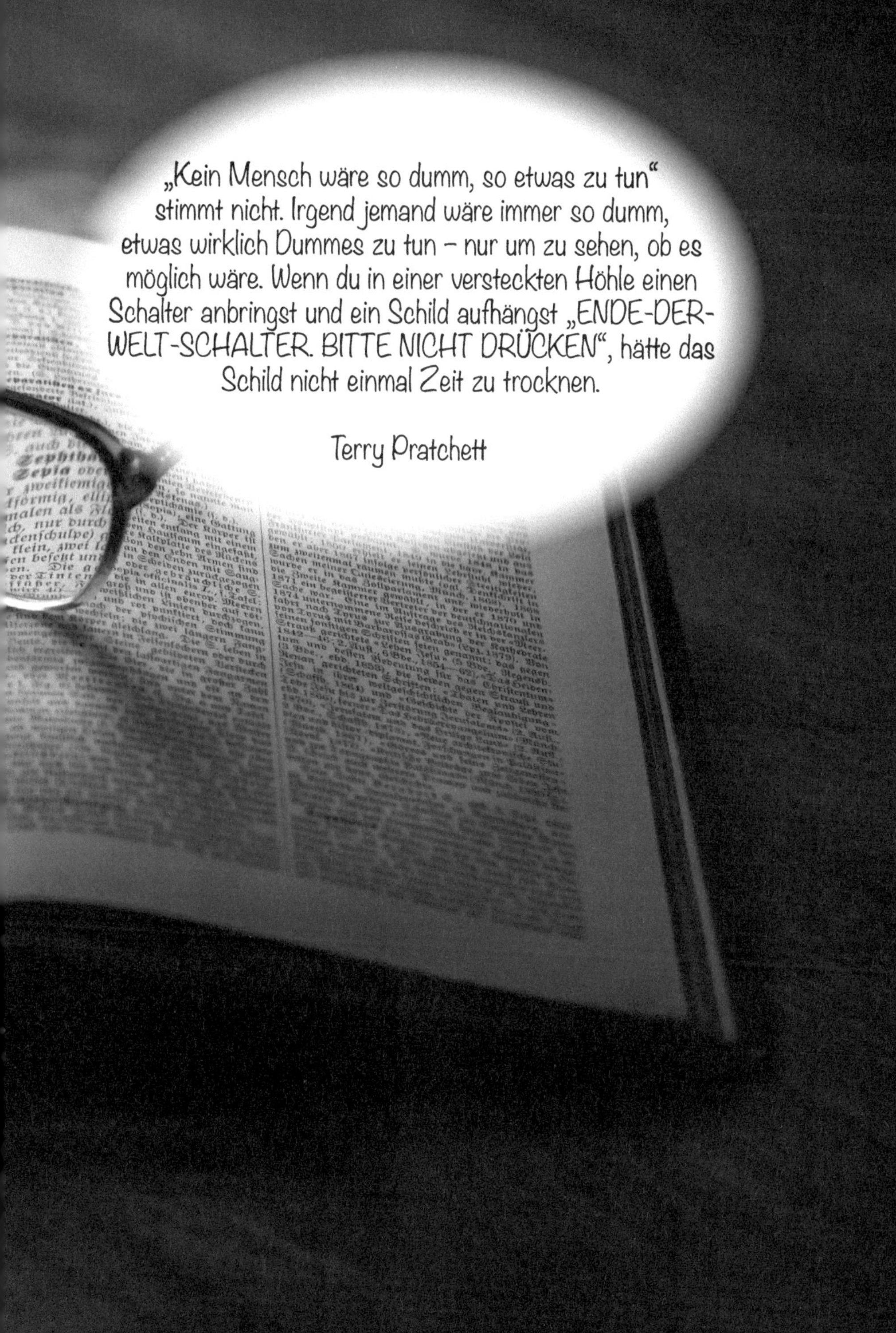

„Kein Mensch wäre so dumm, so etwas zu tun"
stimmt nicht. Irgend jemand wäre immer so dumm,
etwas wirklich Dummes zu tun – nur um zu sehen, ob es
möglich wäre. Wenn du in einer versteckten Höhle einen
Schalter anbringst und ein Schild aufhängst „ENDE-DER-
WELT-SCHALTER. BITTE NICHT DRÜCKEN", hätte das
Schild nicht einmal Zeit zu trocknen.

Terry Pratchett

Meine Lieblingsautoren und -autorinnen:

Meine absoluten Lieblingsbücher:

Fiktionale Lieblingsschauplätze:

Meine Lieblings-Buch-Links:

Meine Lieblingsverlage:

Notizen:

Notizen:

Notizen:

Notizen:

Notizen: